Geheimtips für Genießer

Provence – Lavendel, Wein und südliches Licht

Geheimtips für Genießer

PROVENCE

Lavendel, Wein und südliches Licht

Texte von Jörg Zipprick

Fotos von Marcel Geflitter
und Barbara Söldner

edition spangenberg bei Droemer Knaur

Die deutsche Bibliothek – CIP-Einheitsaufnahme

Zipprick, Jörg:
Provence : Lavendel, Wein und südliches Licht / Texte von Jörg Zipprick. Fotos von Marcel Geflitter und Barbara Söldner. – München : Ed. Spangenberg bei Droemer Knaur, 1997
(Geheimtips für Geniesser)
ISBN 3-426-26848-5

Gestaltung, Karten, Satz: Gabriele Klann
Fotos: Marcel Geflitter und Barbara Söldner,
Archiv Arnold (S. 28 rechts), Martina Meuth (S. 65)
Reproduktion: Digital Color, Garching
Umschlaggestaltung: Vision Creativ, München
Umschlagfotos: Bavaria, Gauting
Druck und Bindung: Clausen und Bosse, Leck
Printed in Germany

ISBN 3-426-26848-5
5 4 3 2 1

Inhalt

Es gibt eine Bewegung, die 1986 mitten in den Langhe, in Piemont, geboren wurde, und heute in ganz Italien und in 18 weiteren Ländern verbreitet ist (siehe auch Seite 120).
Sie heißt Arcigola Slow Food und will der natürlichen Freude am Genuß ihre Würde und ihr Recht zurückgeben. Ihr Symbol ist die langsame und sympathische Schnecke.
Ihre Ziele sind: die Kultur des Essens zu schützen, die von der mit dem Fast Food begonnenen Standardisierung bedroht wird; den Geschmack unserer traditionellen Eßkultur wiederzuentdecken und in Gemeinschaft zu genießen; dem Genießer Informationen über den Markt zu liefern und ihm zu helfen, das Beste zu einem angemessenen Preis zu kaufen; die Umwelt vor einer aggressiven, chemischen Landwirtschaft zu bewahren.
Freude und Gemütlichkeit erlebt man jedoch nicht nur bei Tisch. Man kann sie auch auf einer ruhigen Reise entdecken, auf Straßen, die fernab liegen vom Verkehr und Lärm des Massentourismus, in Gegenden, die uns den verborgenen Reiz eines Urlaubs weit weg vom »wilden Trubel« bieten.
Die Führer »Geheimtips für Genießer« tragen ebenfalls das Zeichen der Schnecke. Sie schlagen Wege durch die Natur, die Kunst und die Traditionen kleinerer Regionen vor, die in ihrer Geschichte und Kultur eine Einheit bilden; sie regen an, Städte neu zu entdecken: Auf diesen Reisen, für die Sie sich ein paar Tage, manchmal nur ein verlängertes Wochenende, Zeit nehmen sollten, werden Sie Ruhe, Grün und frische Luft wiederentdecken. Sie finden hier auch Vorschläge für kleinere Abstecher, die Sie zu Fuß oder mit dem Fahrrad, zu Pferd oder im Boot unternehmen können. Und da unserer Meinung nach Reisen auch Kennenlernen und Verstehen bedeutet, bietet jeder Reiseführer dieser Reihe detaillierte Informationen aus der Hand von ausgewiesenen Experten. Für Slow Food geht genußvolles Reisen stets einher mit genußvollen Speisen:
Slow Food liefert die richtigen Adressen zum Übernachten, Essen und Einkaufen. In dem ausführlichen Adreßteil sind die Orte, die Sie nicht versäumen sollten, aufgelistet und beschrieben: Hotels, Restaurants, Kneipen, Weinkellereien und kleine Läden, die alle von Slow Food ausgewählt sind und für die wir uns auch verbürgen.

Benutzerhinweise

TIPS & INFOS
Ausführliche Informationen finden Sie ab Seite 86

In Kurzform nützliche Hinweise und empfehlenswerte Adressen für jeden Ort (Hotels, Restaurants, Auberges, Bistros, Weingüter, Bars, Cafés, Läden, Werkstätten ...)

Essen und Trinken

Auberge du Soleil	Restaurant mit guter Küche
Auberge du Soleil*	Restaurant mit bemerkenswert guter Küche
Auberge du Soleil**	Restaurant mit ausgezeichneter Küche, nicht versäumen

Restaurant, das uns besonders gut gefällt aufgrund seines gemütlichen Ambientes, der traditionellen Küche und der unverfälschten Gastfreundschaft

Die Karten

Voraussichtliche Dauer der Ausflüge

2 STD. mit dem Auto

2 STD. mit dem Fahrrad

2 STD. zu Fuß

Abstecher

Wanderung

Weinberg

Weingut

Restaurant, Auberge

Hotel

Aussichtspunkt

historisches Gebäude

sakrales Gebäude

Gute Gründe für einen Besuch

Knoblauch, Wein und südliches Licht

Schnauzbärtige Männer, die auf dem Dorfplatz beim Boule-Spielen eine ruhige Kugel schieben. Freundliche alte Mütterchen, die stundenlang vor dem Kochtopf stehen, um ihre Gäste mit einem Schmorbraten zu überraschen. Winzer mit schweren Stiefeln, die anstatt Reben zu beschneiden oder Trauben zu lesen lieber unter Freunden im Dorfbistro einen Pastis trinken.

So muß es nach althergebrachten Klischees in der Provence aussehen. Und tatsächlich: Mit ein wenig Glück und dem richtigen Wetter kann man heute noch auf den Spuren von Daudet, Mistral oder Peter Mayle wandeln, sich vom Papstpalast in Avignon beeindrucken lassen, am frühen Vormittag die Ruinen der Festung von Les Baux oder die Arena von Arles bewundern und später auf dem prächtigen Cours Mirabeau in Aix-en-Provence im Café »Les deux Garçons« seinen Nachmittagskaffee schlürfen.

Schon deshalb gehört die Provence seit alters her zu den beliebtesten Zielen in Frankreich: Die Schriftstellerin Colette und die berühmte Briefeschreiberin Madame de Sevigné verbrachten hier viel Zeit, heute warten gut 75 000 Hotelzimmer auf Besucher – von den gut 400 000 anderen »Übernachtungsstätten« auf Campingplätzen, in Gîtes und Herbergen gar nicht zu reden. Die Franzosen selbst fühlen sich besonders von den winzigen Dörfern des Hinterlandes angezogen, wo sich in engen Gassen ockerfarbene Häuschen aneinanderpressen. Die Besucher aus aller Welt staunen über die selten gut erhaltenen römischen Ruinen oder begeben sich auf Zigeunerwallfahrt nach Les-Saintes-Maries de la Mer. Und die Einheimischen würden schon wegen des milden Klimas, der bunten Märkte und der guten Küche ihre Region nicht verlassen. Denn in der Provence ist ein Teil der großen Vergangenheit noch lebendig. Gerade junge Franzosen finden wieder zur Tradition zurück, beschließen zum Beispiel eine uralte Mühle neu in Betrieb zu nehmen oder einer alten Auberge neues Leben einzuhauchen. Auch die Weine der Region sind heute besser als je zuvor: Selbst wenn die große Masse der Winzer sich damit begnügt, leichte, fröhliche Touristenrosés en masse auf den Markt zu werfen, gibt es zwischen Châteauneuf-du-Pape und

Aix-en-Provence Weinbauern, die außergewöhnlich gute Gewächse herstellen.
Auch für die Küche gilt: Noch nie hat man in der Provence so gut gegessen wie heute. Die althergebrachten Spezialitäten sind nicht verschwunden, sie haben sich nur verändert. Kein provenzalischer Küchenmeister würde die Sauce für seine Daube (Schmortopf) noch mit Mehl binden, junge Köche wie Christian Etienne aus Avignon oder Robert Lallemand aus Noves begeistern ihre Gäste mit ihren Versionen alter Klassiker wie Pieds et Paquets, einer Roulade von Lammfüßen und -kutteln, mit Tomaten in Weißwein geschmort, einer einfachen Gemüsepfanne oder einem simplen gegrillten Landhuhn mit einer Extraportion Knoblauch.
Um solche Gaumenfreuden beneidet halb Frankreich die Menschen aus der Provence: In Paris triumphieren junge Köche wie Bruno Cirino mit ihrer Version der Sonnenküche, und in Lyon, Lille oder Nantes schauen die jungen Cuisiniers aufmerksam nach Süden. Die Provenzalen nehmen es mit einem Lächeln: »Ein Spritzer Olivenöl und etwas Basilikum reichen nicht, um wie bei uns zu schlemmen.«

Blick auf Gordes.

Auf dem Markt.

Ein Leitfaden

Von Fisch bis Fleisch

Ist es der Knoblauch, der die Sonne auf die Teller der Provence holt? Die Tomaten oder das Olivenöl? Zwischen Valence und Monaco gibt es jedenfalls eine ganz eigene Küche, die in vielen Dingen der italienischen Cucina mehr gleicht als der französischen Cuisine – was nicht weiter verwunderlich ist, denn Teile der Region kamen erst 1860 definitiv unter französische Herrschaft. Eine naturnahe Küche, kräftig im Geschmack, manchmal deftig, aber selten wirklich schwer. Anfang des 19. Jahrhunderts tauchten die ersten Kochbücher zur provenzalischen Küche auf. Auch die Gerichte, die wir heute im Süden Frankreichs serviert bekommen, sind nicht wesentlich älter: Zwar gab es bereits in der Antike Knoblauch, Trüffeln, Zwiebeln, Bohnen, Oliven und Auberginen en masse in der Region. Besonders typische Zutaten wie Zucchini, Tomaten, Artischocken und Fenchel kamen jedoch

aus Amerika bzw. dem Orient nach Europa und fanden zum Teil erst im 19. Jahrhundert weitere Verbreitung.
Französische Besucher denken beim Wort Provence zuerst an Aioli – eine würzige Knoblauchmayonnaise, die oft zur Bouillabaisse gereicht wird und als »grand aioli« ein vollwertiges Gericht mit Fisch, Fleisch oder Gemüsen (und natürlich besagter Mayonnaise) bildet. Knoblauch ist auch die wichtigste Zutat für die kräftige Kräutersuppe »aigo boulido« oder die »anchoiade«, eine Anchovispaste mit Olivenöl, ebenso wie für eine zünftige »bagna caoude«, eine warme Sauce aus Knoblauch, Olivenöl und Anchovispüree, in die Sellerie gestippt wird, und natürlich der bekannte Pistou, eine Würzpaste aus Knoblauch, Basilikum und Olivenöl. Nicht umsonst heißt »à la provençale« in der französischen Küche »mit Knoblauch, Tomaten oder/und Olivenöl«. Zum Aperitif wird gerne ein mit »tapenade« (Paste aus Oliven, Kapern und Anchovis) bestrichenes Brot gereicht.
Die vielen appetitlichen Gemüse werden in der Küche zu »tian«, einem Gemüsegratin, das nach seiner Auflaufform benannt ist: Artischocken mit Anchovis, Auberginen mit Tomaten, Kartoffeln, Tomaten und Zwiebeln – die Rezepte sind vielfältig. Weit verbreitet ist auch die Ratatouille, ein Gemüseeintopf mit Paprika, Tomaten, Zucchini, Auberginen, Zwiebeln, die »soupe au pistou«, eine provenzalische Minestrone, oder die »artichauts à la barigoule«, mit Schinken, Pilzen, Knoblauch oder Speck gefüllte Artischocken. Fast alle Restaurants bieten Mesclun-Salat: keine eigene Sorte, sondern eine Mischung aus jungem Blattgemüse wie Kerbel, krause Endivie, Lattich, Portulak, Löwenzahn u.a.
An der Küste dominiert natürlich der Fisch. Weltbekannt ist die Bouillabaisse, die traditionelle Fischsuppe Südfrankreichs. Je nach Preis des Gerichts wandern unterschiedlich edle Sorten Mittelmeerfisch in den Suppentopf. Zur Suppe gibt es »rouille«, die rote Knoblauchmayonnaise mit Paprika, Safran, Olivenöl. Eine rustikale Variante der Bouillabaisse, verstärkt durch ein wenig Aioli, ist der Fischeintopf »bourride«. Die »brandade«, ursprünglich ein Stockfischpüree mit Olivenöl, Kartoffelbrei und Knoblauch, wird heute statt mit dem unangenehm riechenden Stockfisch meist mit Kabeljau zubereitet (der natürlich nichts anderes als ungetrockneter Stockfisch ist). Stockfisch mit etwas Raite, Würzpaste aus Tomatencoulis, Knoblauch, Lorbeer, Fenchel und Petersilie, in Olivenöl gekocht, ist außer-

dem eines der traditionellen Weihnachtsgerichte der Provence.
Aufpassen muß man bei den »rougets«, den an der Küste äußerst populären Rotbarben. Eine Delikatesse sind die kleinen Exemplare (sogenannte »rougets de roche«) aus dem Mittelmeer, nicht zu empfehlen sind hingegen ihre großen fetten Artgenossen: Diese »rougets de Dakar« stammen von der nordafrikanischen Küste und schmecken eher strohig.

Zu den einfachen Leckereien der Region zählt die »sardinade«, mit Fenchel gegrillte Sardinen, serviert mit Sauce aus Olivenöl, Zitronensaft und Petersilie, während in meerfernen Dörfern als Fischgang gern ein »catigot«, ein in Rotwein geschmortes Aalragout mit Zwiebeln, gereicht wird.
Lammkeule oder Koteletts werden mit Knoblauch gespickt oder einfach gegrillt. Besonders wohlschmeckend ist das Lamm aus der Crau. Das weltberühmte Sisteron-Lamm hält hingegen nicht immer, was die Verkäufer versprechen. Zu den kulinarischen Attraktionen gehören auch die Daube, stundenlang geschmorte Keulen von Lamm oder Ochse (glücklicherweise wird die Sauce dazu heute nicht mehr mit Mehl gebunden) und die guten, alten »pieds et paquets«: Eine Lammroulade mit Lammkutteln und -füßen, in Weißwein oder Weinbrand geschmort. Bei einem guten Koch ist dieses Gericht eine Delikatesse, in einem schlechten Lokal kann es zur Katastrophe ersten Grades werden.

Keinesfalls sollte man den »sou fassum« achtlos auf der Speisekarte übergehen: Der mit Reis, Speck, Fleisch und Zwiebeln gefüllte Wirsingkohl ist ein typisches Gericht der einfachen Leute der Region.
In einfachen Restaurants bekommt man manchmal zur Vorspeise ein »Saucisson d'Arles«, eine Trockenwurst aus Ochsen- und Schweinefleisch mit Kräutern der Provence. Früher wurden für ein ordentliches Saucisson auch Esel- und Pferdefleisch verwurstet, aber diese Tradition ist inzwischen in Vergessenheit geraten. Rar geworden ist auch das »fricot de taureau«, ein kräftiger Schmortopf vom Stier mit Zwiebeln, Olivenöl, Knoblauch und Gewürzen, z.T. auch mit Anchovis oder Kapern. Wer das traditionelle Gericht aus Arles und der Camargue, wo der Stier noch für Stärke steht, auf einer Speisekarte findet, sollte beherzt zugreifen, auch wenn der Gedanke an Stierfleisch ungewöhnlich scheinen mag. Es schmeckt kräftiger und herzhafter als Rind – und ein gut zubereitetes Fricot ist auf jeden Fall ein Erlebnis.

Sehen und Verstehen

Der Pastis

Wenn die Sonne so richtig vom Himmel brennt, genehmigt sich der Provenzale ein oder zwei Pastis, bevor er zum Boule-Spiel aufbricht – so will es das Klischee. Provence ohne Pastis, das ist für den Besucher fast unvorstellbar. Trotzdem ist das Traditionsgetränk nicht etwa so alt wie die Region, sondern erblickte erst 1938 das Licht der Welt. Sein Aufstieg zum meistgetrunkenen alkoholischen Getränk Frankreichs verdankt er dem Absinth, einem giftigen Zungenbrenner, der unter den Malern und Schriftstellern des 19. Jahrhunderts als »grüne Muse« bekannt war. Am 16. Mai 1915 wurden Herstellung und Konsum von Absinth per Gesetz verboten, von der Sanktion betroffen waren auch alle anderen anishaltigen Liköre. Zu Unrecht, denn wie man heute weiß, enthielt nur die »grüne Muse« das giftige Thuyol. Und sehr zum Mißfallen der Provenzalen, denn die einfache Landbevölkerung schrieb dem Anis quasimagische Kräfte zu: Anis oder Fenchel unter dem Kopfkissen schützen nach altem Volksglauben vor Alpträumen, ein Korn im Schlüsselloch hält böse Geister vom Eintreten ab oder vermag Schlangenbisse zu heilen.

Erst 1938 wurde ein anishaltiger Alkohol zum Verbrauch zugelassen: Der Pastis! Als offizieller Erfinder gilt Paul Ricard aus Marseille. Ein Teil Pastis auf vier Teile Wasser, lautet das Standardrezept – man vermutet, daß das Wort Pastis von der nach dem Mischen recht trüben Flüssigkeit im Glas stammt. »Pastis« heißt auf provenzalisch nämlich so etwas wie »undurchsichtige Situation«, »Unordnung« oder »Durcheinander«. Andererseits steht das Wort aber auch für »pâté« – Pastete oder schlicht und einfach für Mischung.

Echten Pastis, nach alter Art aus Anis, Muskat, Lakritz, Zimt und neun weiteren Zutaten gewonnen, kauft man beispielsweise bei Henri Bardouin. Ebenfalls im Sortiment: Eingemachte Früchte und diverse Schnäpse.

Distillerie et Domaines de Provence
04300 Forcalquier
Tel: 04 92 75 00 58

Die Routen

Die Provence ist vielseitig: Jede Stadt, jeder Landstrich hat einen eigenen Charakter. Avignon oder Aix-en-Provence sind mit Sicherheit die beeindruckendsten und vornehmsten Städte der Gegend, Orange und Salon haben einige schöne Ecken, Arles ist wahrscheinlich der authentischste und Les Baux der touristischste Ort der Region. Die Reisfelder der Camargue werden nur durch wenige Kilometer von den Ölmühlen von Maussane oder den Rebfeldern von Châteauneuf-du-Pape getrennt. Am besten, man wählt sich eine der Städte als »Stützpunkt«, um von dort aus in Tagesausflügen die Region zu erkunden. Von Avignon aus sind die meisten Orte der Provence einfach und schnell zu erreichen.

Um den Benutzern dieses Buches aber die wirklichen Geheimtips für die Provence mit auf den Weg zu geben, werden im Anhang Tips & Infos eine ganze Reihe vorn Adressen angegeben, die abseits der vorgeschlagenen Routen liegen, aber den Umweg auf jeden Fall lohnen.

Das Straßennetz der Provence ist gut ausgebaut, für den Ortsfremden wegen der Vielzahl winziger Landstraßen aber ausgesprochen verwirrend. Nicht immer ist der Weg gut ausgeschildert. Wichtig für Radfahrer: Die Wegstrecken sind zum Teil recht schmal, Mindestabstand ist für französische Autofahrer meist ein Fremdwort.

Vaison-la-Romaine
Orange
Châteauneuf-du-Pape
Carpentras
Avignon
Fontaine-la-Vaucluse
Gordes
Nîmes
Apt
St-Remy-de-Provence
Cavaillon
Les Baux
Lourmarin
Durance
Maussane
Arles
Salon-de-Provence
St-Martin-de-Crau
Rhône
Aix-en-Provence
MONTAGNE STE-VICTOIRE
Saintes-Maries-de-la-Mer
Marseille
Die ehemalige Hauptstadt der Provence
Aix-en-Provence
Arles
Die Stadt der Päpste
Avignon
Festung der Troubadoure
Les Baux und Umgebung
Im Rhônedelta
Die Camargue
In den Weinbergen
Châteauneuf-du-Pape
Gordes und Umgebung
Von Cavaillon nach Lourmarin
Durch das Lubérongebirge
Das Tor zur Provence
Orange
Salon-de-Provence

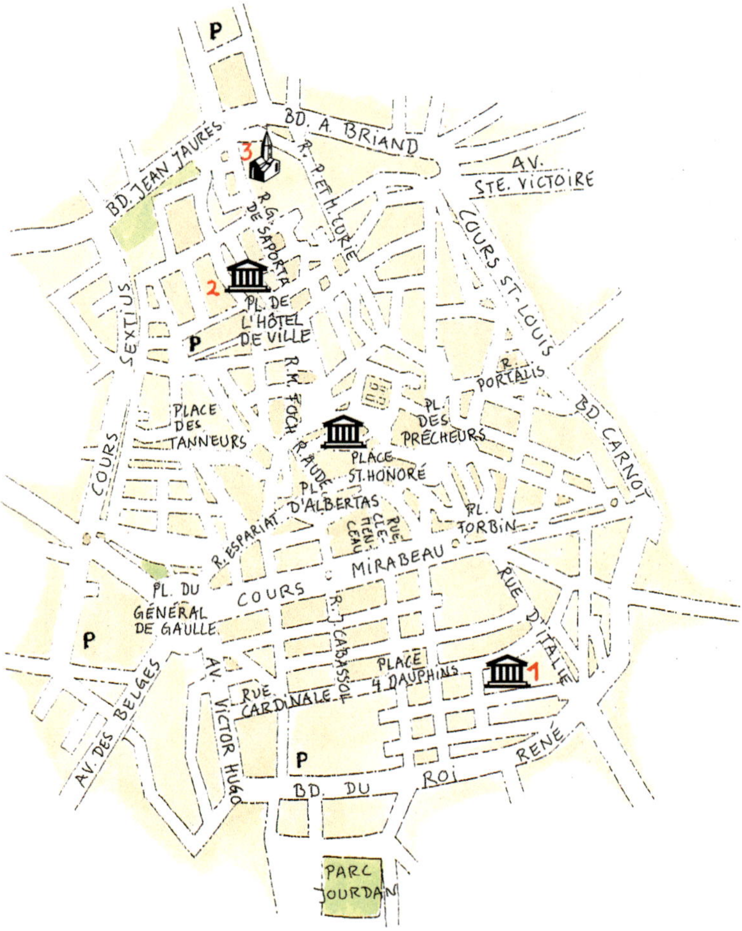

Voraussichtliche Dauer des Ausflugs:

1/2 TAG

1 Musée Granet
2 Musée du Vieil Aix
3 Kathedrale Saint-Sauveur

Die ehemalige Hauptstadt der Provence

Aix-en-Provence

In den Straßen von Aix scheint das 17. und 18. Jahrhundert noch gegenwärtig. Der Geburtsort Paul Cézannes, ehemals »Hauptstadt der Provence«, hat mit seinen begrünten Alleen und den beeindruckenden Adelshäusern zumindest im Stadtkern sein altes Erscheinungsbild bewahrt. Aix erlebte seine Blüte zur Zeit des guten Königs René (1409-1480). Damals beherrschte Aix das Umland, verfügte über eine Universität und ein Erzbistum, Roi René lockte Künstler und Gelehrte in den Ort. Dieser Tradition bleibt Aix auch heute treu: Das Festival international d'Art lyrique et du Musique im Juli/August ist fester Bestandteil des Terminkalenders jedes französischen Musikliebhabers.

Die Flaniermeile von Aix-en-Provence: der Cours Mirabeau.

Wer Aix von seiner schönsten Seite kennenlernen möchte, beginnt seinen Spaziergang am besten (ausgehend von der Place de Gaulle) am **Cours Mirabeau**: Auf dem breiten Prachtboulevard läßt es sich im Schatten der Platanen auch unter der Sommersonne der Provence bestens flanieren. Cafés, Restaurants, Büchereien und Boutiquen locken die Spaziergänger an, drei Brunnen plätschern beruhigend in der Straßenmitte. Sehenswert sind die Häuserfassaden des Hôtel d'Isoard de Vauvenargues (Haus Nr.10, erbaut um 1710), des Hôtel de Forbin (Nr. 20, erbaut um 1656)) des Hôtel de Maurel de Pontèves (Nr. 38, erbaut um 1660) und des Hôtel du Poët (erbaut um 1730), das den Cours hinter der Fontaine du Roi René abschließt. Der König hält eine Muskatellertraube in der Hand – angeblich soll er, der nicht

TIPS & INFOS

Ausführliche Informationen finden Sie auf Seite 87f.

AIX-EN-PROVENCE

Einwohner: 123 842
Höhe: 177 m ü. d. M.
Postleitzahl: 13100

Informationen

Office de Tourisme
Place du Général-de-Gaulle
Tel. 04 42 16 11 61
Fax 04 42 16 11 62

MUSEEN

Unsere Adreßempfehlungen finden Sie auf Seite 87.

ÜBERNACHTEN

Unsere Adreßempfehlungen finden Sie auf Seite 87.

nur König, sondern auch Hobbywinzer war, diese Rebsorte in der Provence eingeführt haben. Im Haus Nr. 55 verbrachte Cézanne seine Kinderjahre. Sein Vater unterhielt hier eine Hutmacherei, bevor er das Metier wechselte und Bankier wurde. Im Haus Nr. 53 findet man das berühmte Café Les Deux Garçons mit seinem denkmalgeschützten Interieur im Empire-Stil. Seit 1792 treffen sich hier die Bürger von Aix auf eine Tasse Kaffee, während des Musikfestivals gilt die Terrasse des Hauses als »strategisch wichtig«.

Rechts des Cours Mirabeau liegt das **Quartier Mazarin,** ein altes Adelsviertel, das Michel Mazarin, Erzbischof von Aix, im 17. Jahrhundert gründete. Die schmalen Gassen des Quartier sind auch heute noch fast so still und ruhig wie damals. Sehenswert ist das Hôtel de Caumont (3, rue Joseph-Cabassol) von 1720 mit seiner eleganten Fassade sowie die Place des Quatre Dauphins mit einem Brunnen von 1667. Sehenswert ist auch das Musée Granet: Untergebracht in der ehemaligen Priorei der Malteserritter, zeigt es Gemälde provenzalischer Künstler ebenso wie Werke der französischen Schule. Ein Saal ist Cézanne gewidmet.

Links des Cours Mirabeau hingegen liegt die eigentliche Altstadt von Aix. Die vielen kleinen, verzweigten Gassen sind heute größtenteils verkehrsfrei. Eines der historischen Zentren der Stadt ist die **Place des Prêcheurs:** Im Mittelalter wurden hier Hexen verbrannt, auch der Marquis de Sade mußte am 12. September 1772 auf dem Platz sein Leben lassen. Heute geht es friedlicher zu: Dreimal pro Woche wird an der Place des Prêcheurs Markt abgehalten.

Brunnen in Aix: Fontaine de Neuf-Canons auf dem Cours Mirabeau (links) und Place d'Albertas (rechts).

Kandierte Früchte & Co: Süßes der Provence

Bunt und süß, so sind sie, die kandierten Früchte der Provence. Bis ins 14. Jahrhundert reicht die Tradition der Fruits confits: Von 1342 bis 1352 belieferte die Stadt Apt Papst Clemens VI. in Avignon mit in Zuckersirup eingelegten Früchten. Das gute Obst wurde damals noch nicht aus Südamerika eingeflogen, tiefgefrieren konnte man die Früchte auch nicht. Die Päpste mußten sich also etwas einfallen lassen, wenn sie im Winter Früchte essen wollten. Die damaligen Fruits confits bestanden hauptsächlich aus Aprikosen, Zitronen und Orangen – diese Früchte waren rar, und so war es nützlich, sie zu konservieren. Inzwischen hat sich die Herstellung von Fruits confits in Apt und anderswo zu einer regelrechten Industrie entwickelt: Firmen liefern fertige Geschenkpackungen mit quietschsüßen Früchten, auf der Zunge spürt man nur den Zucker. Rar sind die Konditoren, die ihr Obst noch selbst einkochen: Zu ihnen gehören Albert Bono in Carpentras und André Rastouil in Gargas (Confiserie Saint-Denis, Tel. 04 90 74 07 35).

Fast so bekannt wie die Fruits confits aus Apt sind die Berlingots aus Carpentras, ursprünglich eine Art Pfefferminzbonbon, heute in allerlei Geschmacksrichtungen erhältlich. Man sagt, die Berlingots seien in Carpentras anläßlich des Triumphs Clemens V. über den Templerorden kreiert worden – nachgewiesen ist dies freilich nicht. Wie schon die kandierten Früchte werden die Berlingots heute meist industriell hergestellt.
Verblichen ist der Ruhm der Calissons aus Aix – rautenförmige Mandelplätzchen mit Zuckergußüberzug. Die Plätzchen, in deren Teig auch kandierte Melone gehört, ruhen auf einem Hostienblatt. Nach einer provenzalischen Legende sollen sie deshalb in den Kirchen von Aix manchmal anstelle von Hostien gereicht worden sein. In jedem Fall sollte man die Calissons nur frisch essen, sie trocknen nämlich leicht aus. Wir empfehlen Ihnen einen Einkauf bei Brémond oder bei Les Calissons du Roy René in Aix-en-Provence.

ESSEN

Le Clos de la Violette**
10, rue de la Violette
Tel. 04 42 23 30 71
Sonntag und Montagmittag geschlossen

Chez Maxime
12, place Ramus
Tel. 04 42 26 28 51
Sonntag und Montagmittag geschlossen

EINKAUFEN

Märkte

Le Marché de la Place Richelme
jeden Vormittag vor der Post

Le Marché de la Place des Prêcheurs
Dienstag-, Donnerstag- und Samstagmorgen zwischen Palais de Justice und Kirche Sainte-Madeleine

Fleisch und Wurstwaren
Serge Bianco
18, rue Matheron

Bäcker
Le Gibassié
46, rue Espariat

Süßwaren
Richart
8, rue Thiers

Brémond
2, rue Cardinal

Les Calissons du Roy René
7, rue Papassaudi

Gemischtwaren
Jacquèmes
9, rue Méjanes

Weine
Bacchus
27, rue d'Italie

Patisserie
Riederer
4 et 6, rue Thiers

Wir gehen nach rechts in die Rue Clemenceau, eine Geschäftsstraße mit zahlreichen Boutiquen, und danach an der Place Saint-Honoré, links in die Rue Espariat. Besonders schön sind die alten Adelshäuser **Hôtel Boyer d'Eguilles** (Haus Nr. 6) von 1672 und **Hôtel d'Albertas** (Nr. 10) von 1727. Im Hôtel Boyer d'Eguilles ist heute das Museum der Naturgeschichte untergebracht. Doch der Bau selbst ist mit seinen barocken Treppengeländern, den Stuckarbeiten und Trompe-l'oeil-Dekorationen wesentlich interessanter als jedes darin untergebrachte Ausstellungsstück. Die Witwe des Stadtrats Vincent Boyer d'Eguilles hat dieses Haus im 17. Jahrhundert bewohnt.

An der Place d'Albertas, deren Mitte ein Brunnen (1912) schmückt, biegen wir rechts in die Rue Aude, die in die Rue du Maréchal Foch übergeht. Diese Straße führt zum Rathausplatz (**Place de l'Hôtel de Ville**) mit dem Tour de l'Horloge, einem Glockenturm aus dem 16. Jahrhundert. Auch die Glocke stammt aus dieser Zeit. Im Süden des Platzes liegt die Ancienne Halle aux Grains. Das Gebäude von 1754 diente, wie der Name schon sagt, dem Kornverkauf. Die Stadt Aix belegte diesen Handel damals mit hohen Abgaben. Heute beherbergt die Ancienne Halle die Post. Das Rathaus an der linken Seite stammt aus der zweiten Hälfte des 17. Jahrhunderts und ist für seine schöne Barockfassade berühmt.

Die Rue Gaston de Saporta führt vorbei am Musée du Vieil Aix. Ausgestellt werden hier u.a. Faiencen aus Moustiers, Mobiliar, Bilder und holzgeschnitzte Santons (Krippenfiguren). Vorbei an Herrenhäusern aus dem 15., 17. und 18. Jahrhundert kommt man zur **Kathedrale Saint-Sauveur**, die Baustile vom 5. bis zum 18. Jahrhundert in ihren Mauern vereinigt. Schmuckstück der Kirche ist das Triptychon des brennenden Dornbuschs von Nicolas Froment (1476), einem Hofmaler des Roi René.

Bevor man Aix verläßt, sollte man eine kleine Schachtel der lokalen Spezialität erstehen: Süße Calissons (s. Seite 19), nach Möglichkeit frisch von Roy René.

La Croix de Provence Montagne Sainte Victoire

Wir verlassen Aix über die D 10 in östlicher Richtung. Kurz hinter dem Dorf Saint Marc-Jaumegarde taucht auf der rechten Seite die Barrage de Bimont auf, eine fast 88 Meter hohe Talsperre. Nach dem Weiler Les Cabassols zweigt rechts ein Waldweg ab, der Chemin des Venturiers (als GR 9 in den meisten Straßenkarten eingetragen). Der etwa neunzigminütige Aufstieg auf den Montagne Ste.-Victoire, berühmtes Motiv des Malers Paul Cézanne, führt durch Macchia, über Schotter und felsiges Gelände. Feste Schuhe, Trittsicherheit und Kondition sind unerläßlich. Kurz vor dem Gipfel kommt man zur Abtei Notre-Dame de Sainte-Victoire. Jetzt ist der Aufstieg fast geschafft. Der Croix de Provence liegt südöstlich der Kirche. Nochmals geht es steil bergauf: Das neunzehn Meter hohe Gipfelkreuz wurde 1871 errichtet – als Danksagung an den Allmächtigen, weil die Provence im deutsch-französischen Krieg nicht besetzt worden war. Die Inschrift auf dem Sockel ist in vier Sprachen angebracht: Französisch auf der Nordseite, lateinisch auf der Ostseite,

Ausgangs- und Zielort:
AIX-EN-PROVENCE

Länge:
ETWA 70 KM

Vorausichtliche Dauer des Ausflugs:

- Fahrrad: 2 STD.
- Auto: 1 STD.
- Zu Fuß: 3 STD.

TIPS & INFOS
Ausführliche Informationen finden Sie auf Seite 109

PUYLOUBIER

ESSEN

Les Sarments
4, rue qui Monte
Tel. 04 42 66 31 58
Montag und Dienstagmittag geschlossen

WEINGUT

Domaine Richeaume
Tel. 04 42 66 31 27

TIPS & INFOS
Ausführliche Informationen finden Sie auf Seite 94

BEAURECUEIL

ÜBERNACHTEN

Mas de la Bertrande
Chemin de la Plaine
Tel. 04 42 66 90 09
Fax 04 42 66 82 01

Relais Sainte-Victoire
Tel. 04 42 66 94 98

ESSEN

Relais Sainte-Victoire*
Tel. 04 42 66 94 98
Sonntagabend und Montag geschlossen

griechisch im Süden und provenzalisch im Westen. Von hier aus genießt man eine wundervolle Aussicht auf die gesamte Region: Bei klarem Wetter sieht man im Norden bis zum Tal der Durance und dem Lubéron-Gebirge, im Westen reicht der Blick bis zur Camargue.

Falls Sie mit dem Fahrrad unterwegs sind, werden Sie wahrscheinlich von Les Cabassols auf direktem Weg über die D 10 nach Aix zurückkehren wollen. Autofahrer können die kleinen Dörfer der Umgebung auf einem Rundweg erkunden. Richtung Osten kommt man schnell nach Vauvenargues. Das hiesige Schloß (16. Jh., keine Besichtigung möglich) war zwischen 1958 und 1961 eines der bevorzugten Feriendomizile von Pablo Picasso. Hier entstand »Déjeuner sur l'herbe«. Der Maler ist im Schloßpark beigesetzt.

Etwa 10 Kilometer hinter Vauvenargues biegen wir rechts in die D 23 ein. Nach Pourrières wieder rechts und über die D 57 nach Puyloubier. Sollte gerade Essenszeit sein: In der Auberge Les Sarments gibt es schlichte Küche von Gabrielle Jugy, deren Kinder das Relais Sainte Victoire in Beaurecueil betreiben. Typisch provenzalisch ist nicht nur das Ambiente mit Rauhputz, Holzstühlen und Bauernschränken, auch die Küche hält es mit der reinen Lehre der Tradition: Paprika aus dem Ofen mit Olivenöl, Ragout vom Schwein sowie lange geschmorte Pieds et Paquets (Lammpäckchen und -füße mit Kutteln) und Daubes (Schmortöpfe). Günstiges Menü.

In der Nähe erzeugt der deutsche Winzer Henning Hoesch in seiner Domaine Richeaume einen erstklassigen Côtes-de-Provence.

Weiter über die D 17 nach Le Tholonet. Auch hier lohnt sich ein Halt, schon wegen des idyllischen Parks.

Aix liegt jetzt nur noch sechs Kilometer entfernt. Weinfreunde können jedoch noch einen kleinen Umweg einlegen (3 Kilometer zurück über die D 17) und über Beaurecueil nach Meyreuil fahren. Am Ortsausgang liegt Château Simone, eines der profiliertesten Weingüter der Region. Mit nur 17 Hektar ist es eigentlich ein winziges Weingut, gehört aber zu den Lieblingen von Küchenchefs und Sommeliers der Region. Seine Weine sind auf den Weinkarten der meisten Spitzenrestaurants der Region zu finden.

Blühende Macchia am Montagne Sainte-Victoire. Im Hintergrund La Croix de Provence.

Voraussichtliche Dauer des Ausflugs:

1 TAG

1 Saint-Trophime
2 Théâtre Antique
3 Arènes
4 Museon Arlaten

Arles

Nördlich des Boulevard des Lices scheint Arles wirklich zu beginnen: Kaum hat man die geschäftige Durchgangsstraße mit ihren Cafés und Souvenirläden verlassen, findet man sich in einem provenzalischen Dorf mit schmalen Straßen und ockerfarbenen Häusern wieder. Arles ist nicht so vornehm wie Avignon oder Aix-en-Provence, besser erhalten als Salon und weitaus authentischer als Les Baux.

Am besten, man beginnt seinen Besuch in der Rue Jean-Jaurès und geht direkt zu der **Place de la République**: Seit dem 19. Jahrhundert schlägt hier das Herz der Stadt. Hier stehen das Rathaus (17. Jahrhundert) und die romanische Kirche Saint-Trophime. Sie ist nach einem

Im Herzen von Arles: die Place de la République mit Rathaus und Saint-Trophime.

TIPS & INFOS

Ausführliche Informationen finden Sie auf Seite 89f.

ARLES

Einwohner: 52 058
Höhe: 9 m ü. d. M.
Postleitzahl: 13200

Informationen

Office de Tourisme Centre
Esplanade Charles de Gaulle
Tel. 04 90 18 41 20

Office de Tourisme Gare
Gare SNCF
Tel. 04 90 49 36 90

Museen

Musée Archéologique d'Arles
Avenue de la 1ère Division Française Libre
Tel. 04 90 18 88 88
Öffnungszeiten:
Okt. – März 10–18 Uhr,
Dienstag geschlossen,
April – Sept. 9–19 Uhr

Museon Arlaten
29, rue de la République
Tel. 04 90 96 08 23
Öffnungszeiten: 9–12 Uhr, 14–17 Uhr

Musée Camarguais
Mas du Pont-de-Rousty-Albaron
Tel. 04 90 97 10 82
Öffnungszeiten:
April – Sept. 9.15–17.45 Uhr,
Okt. – März 10–16.45 Uhr,
Dienstag geschlossen

Saint-Trophime ist ein Meisterwerk in Stein. Oben aus dem Portal die Abbildung von Daniel in der Löwengrube, rechts ein Blick in den Kreuzgang.

ÜBERNACHTEN

Hôtel d'Arlaten
26, rue du Sauvage
Tel. 04 90 93 56 66
Fax 04 90 49 68 45

Jules-César
9, Boulevard des Lices
Tel. 04 90 93 43 20
Fax 04 90 93 33 47

Heiligen benannt, der die Bewohner von Arles zum Christentum bekehrt haben soll. Nach der Legende kam **Saint Trophime** im Jahr 46 nach Arles und soll Maria Magdalena und Lazarus in der Camargue empfangen haben. Übrigens sollen sämtliche Kirchen von Arles auf den Ruinen römischer Tempel stehen, die heidnische Vergangenheit wurde sozusagen systematisch getilgt.
Das Gebäude links beherbergte bis vor kurzem das **Musée Lapidaire d'Art Païen:** Die interessanten Fundstücke aus Arles' römischer Vergangenheit sind inzwischen im Musée Archéologique untergebracht.
Weiter geht es über die Rue de l'Hôtel de Ville, dann nach links in die Rue Nicolai zur **Place du Forum**. Mit ihren vielen, kleinen Cafés, der Mistral-Statue und den schattenspendenden Bäumen ist sie einer der schönsten Orte der Stadt. Die Aussicht von der Terrasse des Restaurants Le Vaccarès ist wunderbar – vorausgesetzt man hat das Glück, den richtigen Tisch zu erwischen.
Wir verlassen den Platz im Süden und gehen über die Rue de la Calade zum **Théâtre Antique**. Das Theater

(27-25 v. Chr.) ist alles andere als gut erhalten, trotzdem kann man an den Ruinen noch die Bedeutung erkennen, die Arles in römischer Zeit gehabt haben muß. Um die 12 000 Zuschauer fanden damals hier Platz. Nebenan liegen die weltberühmten **Arènes**: Ein beispielhaft gut erhaltenes Amphitheater aus dem ersten Jahrhundert unserer Zeitrechnung, 136 x 107 Meter groß, mit Platz für 20 000 Zuschauer. Heute wie damals gibt es in der Arena Brot und Spiele: Die Gladiatoren wurden durch Stierkämpfe ersetzt, blutige, wie bei der spa-

nischen Corrida, oder unblutige wie die Courses Camarguaises (s. Seite 46), bei denen junge Männer dem Stier eine Kokarde entreißen müssen.
Über die Rue Porte de Laure kommt man nach einem kurzen Spaziergang über die Treppen des idyllischen **Jardin d'Eté** (Sommergarten) zurück zum Boulevard des Lices.
Bei einem längeren Besuch in Arles sollte man unbedingt die **Alyscamps** besuchen, ein großes römisches Gräberfeld im Osten der Stadt. Oder die Constantin-Thermen nahe den Ufern der Rhône im Norden: Sie stammen aus dem 4. Jahrhundert und sind die größten Thermen der Provence (98 x 45 Meter). Nebenan, im Musée Réattu, kann man Werke von Vasarely, Gauguin, Rousseau und vielen anderen bewundern, der ganze Stolz des Hauses ist die Donation Picasso mit 57 Zeichnungen, die der Künstler zwischen dem 31. Dezember 1970 und dem 4. Februar 1971 schuf.
Das **Museon Arlaten**, westlich der Place de la République, pflegt die Tradition der alten Provence mit ihren Trachten, ihrem Kunsthandwerk und ihren Legenden. Der Dichter Mistral höchstpersönlich hat es gegründet, um seiner Heimat ein Denkmal zu setzen – und wandte dafür das gesamte Geld aus seinem Nobelpreis von 1904 auf.
Auch für Feinschmecker auf der Suche nach einem kulinarischen Souvenir gibt es noch eine Pflichtadresse: Die gepflegte Metzgerei Milhau. Hier gibt es noch den herzhaften authentischen Saucisson d'Arles, die berühmte Wurstspezialität der Region.

Hotel du Musée
11, rue du Grand-Prieuré
Tel. 04 90 93 88 88
Fax: 04 90 49 98 15

Auberge la Fénière
im Vorort Raphèle-les-Arles
Tel. 04 90 98 47 44
Fax 04 90 98 48 39

ESSEN

L'Affenage
4, rue Molière
Tel. 04 90 96 07 67
täglich geöffnet

Le Vaccarès
Place du Forum
Eingang: Rue Favorin
Tel. 04 90 96 06 77
Sonntagabend und Montag geschlossen

Brasserie Nord Pinus
Rue du Palais
Tel. 04 90 93 02 32

Les Alyscamps: römische Straße (links) und Sarkophag (oben).

EINKAUFEN

Markt

Le Marché des Lices
Samstagvormittag auf dem Boulevard des Lices

Fleisch und Wurst

Pierre Milhau
11, rue Réattu

Obst

Wanco
10, rue des Porcelets
10, rue de l'Hôtel-de-Ville

Van Gogh in der Provence

Ein anderes Licht zu sehen« – das war der Beweggrund für den Maler Vincent van Gogh, sich in der Provence niederzulassen. Am 21. Februar 1888 traf er in Arles ein, wohnte zuerst in der Rue de la Cavalerie, später an der Place Lamartine. Die provenzalische Landschaft inspirierte den holländischen Maler: In kürzester Zeit entstanden etwa zweihundert Gemälde und hundert Zeichnungen, darunter »Les Alyscamps«, »Nuit étoilée«, »Portrait du vieux paysan provençal« und »L'Arlesienne«. Zusammen mit Gauguin, der im Oktober 1888 nach Arles kommt, wollte van Gogh dort eine Künstlerkolonie gründen. Gauguin indes teilte seine Provencebegeisterung nicht. Die beiden Künstler lebten in Zwietracht. Der Streit kumulierte am 24. Dezember 1888: Van Gogh versucht Gauguin zu töten und sendet ihm als Zeichen der Reue sein abgeschnittenes linkes Ohr. Daraufhin wurde er ins Hospital eingeliefert. Nur kurz kehrte er noch einmal in sein Haus zurück , bis er ab dem 3. Mai 1889 in der Heilanstalt von Saint-Paul-de-Mesole bei Saint-Rémy gepflegt wurde. Doch auch dort entstanden noch einige weltberühmte Bilder wie das Selbstporträt mit Pfeife und bandagiertem Kopf. 1890 beging Vincent van Gogh in Paris Selbstmord.

Das Gelbe Haus in Arles an der Place Lamartine, wo Van Gogh wohnte (Foto von 1930).

In den Gassen der Altstadt von Arles.

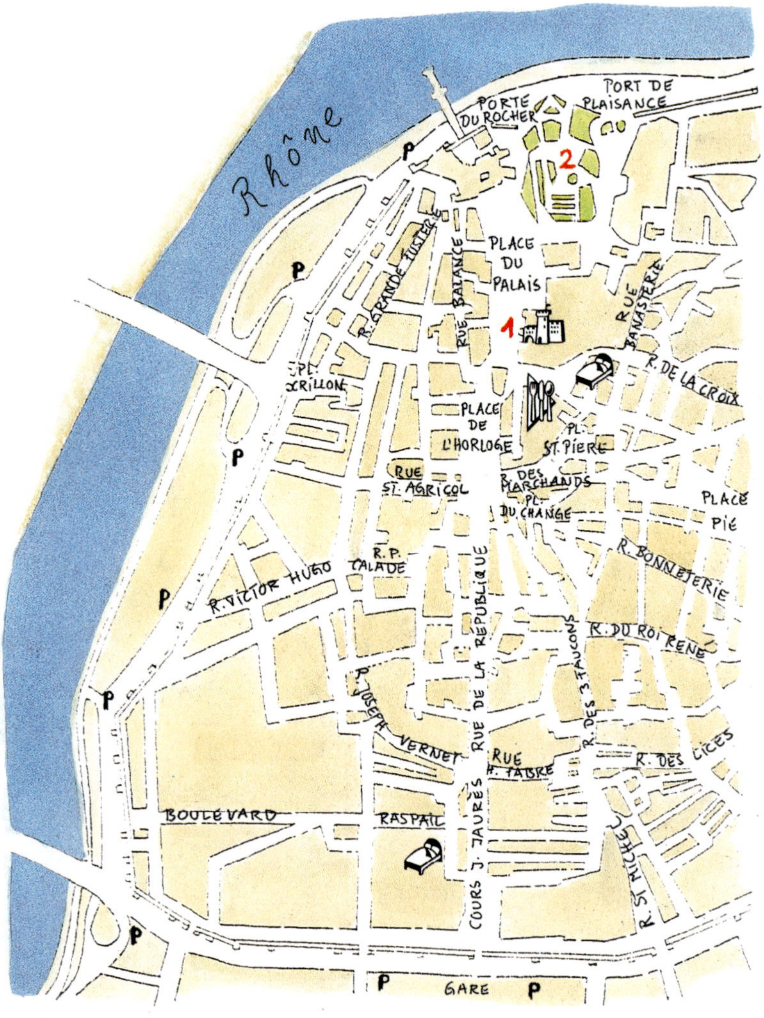

Voraussichtliche Dauer des Ausflugs:

1 TAG

1 Papstpalast
2 Rocher des Doms

Die Stadt der Päpste

Avignon

Avignon – Stadt der Päpste ... und eine der schönsten Städte der Provence insgesamt, mit ihren mittelalterlichen Stadtmauern, dem beindruckenden Papstpalast und dem benachbarten Garten mit Ausblick über Rhône und Pont Saint-Bénézet, dem Pont d'Avignon aus dem Kinderlied. Für den Besucher ist Avignon ein idealer Ausgangspunkt, um die Provence zu erkunden. Denn in dieser Region führen buchstäblich fast alle Wege nach Avignon, und so gut wie alle Sehenswürdigkeiten dieses Teils Frankreichs sind (zumindest mit dem Auto) schnell zu erreichen.

Tagsüber kann man in Straßen wie der Rue des Marchands zu einem Einkaufsbummel aufbrechen, abends das Treiben der belebten Place de l'Horloge beobachten oder in einem Restaurant wie Christian Etienne im Schatten des Papstpalastes feinstens schlemmen. Während des Festival d'Avignon im Juli/August finden Be-

Wer über die Rhône blickt, hat einen imposanten Eindruck von der Gesamtanlage des Papstpalastes.

sucher aus ganz Europa in die Stadt, um sich an Tanz, Theater und Musik zu erfreuen. Aber auch in der Nebensaison ist Avignon immer eine Reise wert. Hier herrscht das ganze Jahr über die entspannte Atmosphäre einer typischen Studentenmetropole.

Der Haupteingang zum Papstpalast.

Den besten Eindruck gewinnt man, wenn man die Stadt einfach auf dem **Cours Jean-Jaurès** von Süden nach Norden durchquert, vom Bahnhof bis zum Papstpalast. Auf dieser Strecke findet das gesamte Leben von Avignon statt. Hier liegen die Brasserien, Kinos und Geschäfte der Stadt. In einer Seitenstraße links, der Rue du Portail-Boquier, findet man das Hôtel Cloître Saint-Louis: Die streng durchgestylten Zimmer und die Kapelle des ehemaligen Klosters bleiben zahlenden Gästen vorbehalten. Aber der idyllische Innenhof mit jahrhundertealten Bäumen und einem Springbrunnen ist jedermann zugänglich.

Wer kurz vor der **Place de l'Horloge** rechts abbiegt, kommt in die beiden Hauptgeschäftsstraßen von Avi-

Sur le Pont d'Avignon . . .

Ich bin Jesus Christus. Ich möchte, daß du die Schafherde deiner Mutter verläßt und mir eine Brücke über die Rhône baust.« Diese Stimme soll der junge Bénézet 1177 beim Schafehüten gehört haben. Bénézet machte sich auf den Weg und begegnete einem als Pilger verkleideten Engel: »Nimm diese Barke«, sagte er, »überquere den Fluß, gehe nach Avignon und sprich mit dem Erzbischof.« In Avignon wurde Bénézet vom Dompropst abgewiesen. »Nur wenn du einen Stein, der sich in meinem Palast befindet, heben kannst, glaube ich, daß du fähig bist, eine Brücke zu konstruieren.« Bénézet nahm den Stein, der selbst für dreißig Männer zu schwer gewesen wäre, und legte ihn an die Stelle, an der der erste Brückenpfeiler entstehen sollte ... Solche und andere Wunder mußte der junge Bénézet vollbringen, bevor der berühmte Pont d'Avignon aus dem Volkslied endlich fertiggestellt war. Von den einst zweiundzwanzig Rundbögen der Brücke stehen heute noch vier. Und wenn man tatsächlich früher auf dem Pont d'Avignon – wie im Lied – getanzt haben sollte, hat das durch und durch weltliche Gründe. Auf der Île de la Barthelasse, am Ende der Brücke, standen eine Reihe von »Guinguettes«: Schankwirtschaften, die zuweilen auch als Bordelle dienten.

gnon: Eine trägt bezeichnenderweise den Namen Rue des Marchands (Straße der Kaufleute), die andere heißt Rue Favart. Links, in der Rue Saint-Agrical, kann man sich in der alteingesessenen Patisserie La Tropézienne durch die Kuchen- und Gebäckspezialitäten der Provence kosten. Die Inneneinrichtung – sie stammt noch aus den 30er Jahren – und die familiäre Atmosphäre machen einen Besuch bei den Brüdern Sinard zu einem mehr als nur kulinarischen Erlebnis.
Der Platz selbst ist so etwas wie der »Strand von Avignon«: Hier ruht man aus, genießt die Sonne und beobachtet andere Spaziergänger. Das imposante Gebäu-

Der friedliche Innenhof des Hôtel Cloître Saint-Louis lädt zum Verweilen ein.

de links ist das Rathaus (19. Jahrhundert) mit einem Glockenturm aus dem 14./15. Jahrhundert. Direkt daneben liegt das Theater der Stadt, geschmückt mit den Statuen von Racine und Molière. Anschließend geht es rechts über die Rue J. Vilar zum Papstpalast.
Der **Papstpalast** selbst wirkt mehr wie eine massive Festung als wie ein vornehmes Palais. Ein Blick in den düsteren, gotischen Bau aus dem 14. Jahrhundert macht klar, daß die Päpste dort nicht nach unserem heutigen Verständnis in Saus und Braus gelebt haben können: In den Zimmern mangelt es an Licht, auch mit einem freudig lodernden Kaminfeuer wird man im Winter kaum für Wärme sorgen können. Das Leben der Päpste von Avignon jedoch war nicht immer sehr christlich: Johannes XXII. etwa, der 1316 in die Stadt kam, galt als Okkultist und versuchte sich mit verschiedenen Amuletten vor den Einflüssen des Bösen zu schützen. Clemens VI. hingegen galt als großer Verschwender und ließ nicht nur den Palast verschönern, sondern feierte

TIPS & INFOS

Ausführliche Informationen finden Sie auf Seite 90ff.

AVIGNON

Einwohner: 86 939
Höhe: 23 m ü. d. M.
Postleitzahl: 84000

Informationen

Office de Tourisme
41, cours Jean-Jaurès
Tel. 04 90 82 65 11
Fax 04 90 82 95 03

Museum

Musée de la Lavande
Ortsteil Cabrières-d'Avignon
Route de Gordes-Coustellet

ÜBERNACHTEN

Unsere Adreßempfehlungen finden Sie auf Seite 90f.

ESSEN

Christian Etienne **
10, rue de Mons
Tel. 04 90 86 16 50
Fax 04 90 86 67 09
Samstagmittag und Sonntag geschlossen

Le Grangousier *
17, rue Galante
Tel. 04 90 82 96 60
Sonntag und Montagmittag geschlossen

Les Frênes (Le Jardin des Frênes) *
645, av. Les Vertes Rives
Ortsteil Montfavet
Tel. 04 90 31 17 93
Täglich geöffnet

L'Isle Sonnante *
7, rue Racine
Tel. 04 90 82 56 01
Sonntag und Montag geschlossen

EINKAUFEN

Markt

Les Halles Centrales
zwischen Rue de la Bonneterie und Place Pie
Öffnungszeiten: 6–13 Uhr

Patisserie

Perrier
40, rue Thiers

Patisserie La Tropézienne
22, rue Saint Agricol

Destillerie

Manguin
Ile de la Barthelasse

Fleisch und Wurst

Boucherie Saint-Didier
2, rue des Trois-Faucons

Wein

Crus et Domaines
23, rue Carnot

Nougat aus Montélimar

Nougat ist in Frankreich keine süße Schokolade. Honig und Mandeln spielen im französischen Nougat die Hauptrolle. Zwei Versionen gibt es: Den schwarzen »nougat de Provence«, der laut Gesetz mindestens 25% Honig und 30% Garnitur (Mandeln, Haselnüsse etc.) enthalten muß, und den großen Klassiker, den weißen »nougat de Montélimar«. 20% Honig, 28% Mandeln und 2% Pistazien sind vorgeschrieben – in den restlichen 50% liegt die persönliche Note jedes Herstellers. Weiß wird der Nougat, weil die Grundmasse mit Eiweiß geschönt wird und er weniger stark als die schwarze Variante gebrannt wird.
Nougat hat in Montélimar eine lange Tradition: Ursprünglich wahrscheinlich ein Hausfrauenrezept, wurde er bereits im 16. Jahrhundert in größerem Maßstab hergestellt. Olivier de Serres, ein Freund von Sully (Minister Heinrichs IV.), pflanzte damals die ersten Mandelbäume in der Region an. Der Stadtrat von Montélimar offerierte 1701 den Herzögen von Burgund und Berry anläßlich ihrer Rückkehr aus Spanien ihre süße Kostbarkeit. Die Freude am herzoglichen Hof muß groß gewesen sein, denn das Geschenk wog nicht weniger als 42 Kilogramm.

Erstklassigen weißen Nougat aus Montélimar bekommt man bei:
Escobar
2, place Léopold-Blanc
30, rue Pierre-Julien
26200 Montélimar
Tel. 04 75 01 25 53/04 75 51 35 86

Der Rocher des Doms.

außerdem ein rauschendes Fest nach dem anderen. Ein Teil der Reichtümer der Päpste soll noch gut versteckt im Palast liegen. Als Benedikt XIII. zur Zeit des großen Schismas aus dem Palast fliehen mußte, soll er einer Legende zufolge in einem verborgenen Saal massivgoldene Statuen der zwölf Apostel versteckt haben. Das Geheimnis vertraute er nur dem Botschafter von Venedig an, der es so gut hütete, daß die Statuen nie gefunden wurden. Mistral hat sich durch diese Legende für sein »Poème du Rhône« inspirieren lassen …
Interessant ist auch ein Abstecher in die schmale Passage südlich des Palastes, direkt neben dem schon erwähnten legendären Restaurant von Christian Etienne. Der Palast wirkt von hier aus noch wuchtiger, ein paar Meter weiter trifft man auf das wunderschöne Hotel La Mirande.
Keinesfalls auslassen darf man einen Spaziergang im **Rocher des Doms**, dem Garten des Palastes: Die Treppen führen hoch zu einem Aussichtspunkt, der einen wundervollen Blick auf die provenzalische Landschaft, die Rhône und den Pont Saint-Bénézet bietet. Gleichnamiger Heiliger soll sie im zwölften Jahrhundert nach einer Christuserscheinung errichtet haben. Kleine Eidechsen huschen zwischen den alten Steinen hin und her: Bei schönem Wetter ein idealer Ort, um auszuspannen.

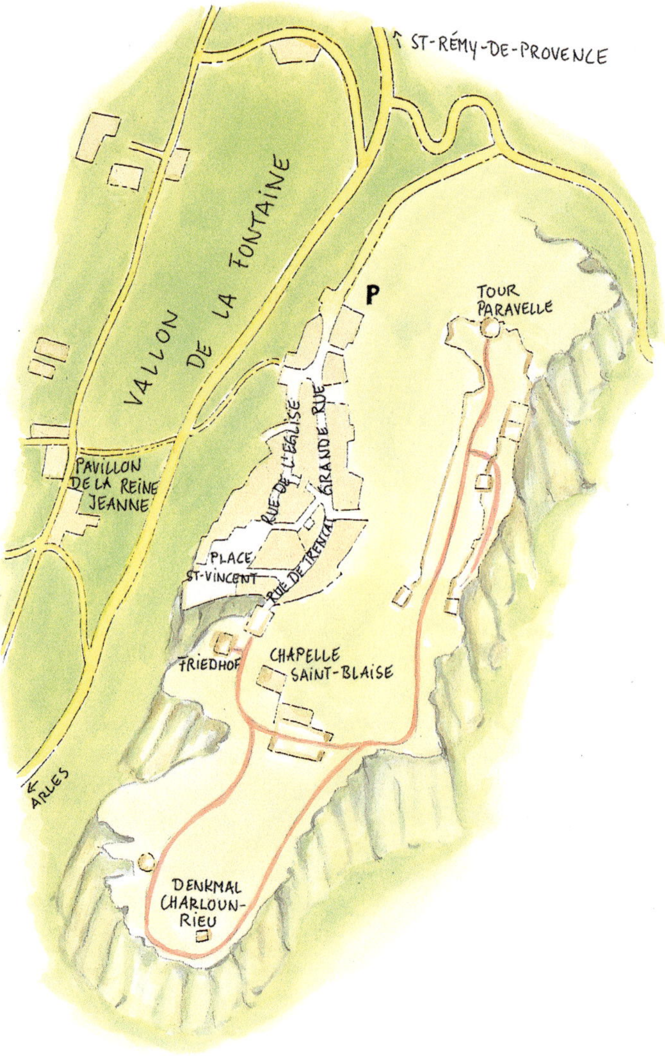

Les Baux und Umgebung

Voraussichtliche Dauer des Ausflugs:

1 TAG

Abstecher nach:

SAINT-RÉMY UND GLANUM

Festung der Troubadoure

Les Baux und Umgebung

Polizisten regeln den Verkehr des 450-Seelen-Ortes, Touristenbusse stauen sich in Zweierreihen, und die Durchgangsstraße am Fuße der Bergfestung gleicht dem Parkplatz des Pariser Flughafen Charles-de-Gaulle. Auf den Treppen, die zum Stadttor führen, stockt der Strom der Fußgänger. Das ist **Les Baux** in der Hochsaison. Hier, zwischen Saint-Rémy und Maussane, hat der Tou-

Die Felsen von Les Baux sollte man möglichst außerhalb der Saison besuchen.

rismus ein feines Stück Provence-Romantik ein für allemal zerstört. Fußgängermassen schlurfen durch die engen Straßen des historischen Dorfs und kaufen billige Seifen, Kräutersäckchen oder mäßige Weine zu astronomischen Preisen, um ein »original provenzalisches Souvenir« zu erstehen. Auch die Stadtväter tragen nicht immer dazu bei, Les Baux zu verschönern: Die Chapelle des Pénitents-Blancs aus dem 17. Jahrhundert ließen sie beispielsweise 1974 mit mehreren naiven Gemälden ergänzen. Trotzdem gibt es auch heute noch schöne Ecken in Les Baux.

An dieser Treppe kann man, wie an vielen anderen Stellen in Les Baux, ablesen, wie viele Menschen diesen Ort im Laufe der Jahrhunderte besucht haben (oben). Die Chapelle Saint-Blaise (rechts unten).

Spätestens am Eingang zum **Ruinenfeld** lassen die Besuchermassen nach – ab hier ist der Besuch kostenpflichtig. Zwar gibt es einen ausgeschilderten Rundweg, man kann ihn aber jederzeit verlassen, um auf eigene Faust das Gelände zu entdecken.

Der kleine **Friedhof** rechts vom Eingang ist meist still und verlassen. Nach lokalem Brauch schmückt man die Grabsteine mit Bildern oder Fotos der Verstorbenen.

Wunderbare Aussicht genießt man auch, wenn man den ausgetretenen Pfad einige Meter vor dem Monument Charloun-Rieu nach rechts verläßt und über den schmalen Weg mit viel hohem Gras zur Felskante geht. (Achtung, der Bereich ist nur ungenügend gesichert!) Der tiefer gelegene, moderne Teil von Les Baux und die imposanten Felsen und Berge der näheren Umgebung liegen einem buchstäblich zu Füßen.

Der bekannteste Aussichtspunkt liegt hingegen am Südende des Tafelbergs: Bei gutem Wetter schaut man hier mindestens bis zur Camargue. Eine kleine Tafel erläutert die wichtigsten Orientierungspunkte.

Wer jetzt nach Norden geht, kommt direkt zu den Ruinen der altehrwürdigen Festung. Viel ist von den Befestigungen und Palästen der »Rasse von Adlern« (Mistral) nicht geblieben. Die maroden Mauern sind mit In-

schriften übersät: »Pierre Dupont, Les Baux 1957« neben »Roger loves Mary«. Im Laufe der Jahrzehnte haben sich die Treppenstufen teilweise bedrohlich geneigt. Nicht jeder Besucher wird deshalb den Aufstieg zur **Tour Paravelle** im Norden wagen.

Auf dem Rückweg kann man der romanischen Chapelle Saint-Blaise einen Besuch abstatten: Die Kapelle beherbergt ein winziges Museum der Olivenbäume, das eine Diaschau mit Werken von Van Gogh, Gauguin und

Cézanne – natürlich ebenfalls zum Thema Olive – bereithält.
Kaum zur Kenntnis nehmen die meisten Besucher den Ortsteil **Vallon de la Fontaine** unterhalb der Felsfestung. Besonders bei Einbruch der Dämmerung, wenn die Souvenirshops von Les Baux längst geschlossen haben, lohnt sich hier ein Spaziergang: Der **Pavillon de la Reine Jeanne** ist ein wunderschöner Renaissancepavillon von 1581, errichtet für Jeanne des Baux. Schon Mistral liebte es, in diesem Garten auszuspannen.
Nebenan liegt das »Höhlenhotel« Riboto de Taven mit seiner gepflegten Parkanlage und – etwas weiter nördlich – das legendäre Restaurant Oustau de Baumanière. Raymond Thuilier, der Gründer des Lokals, faßte erst mit fünfzig Jahren den Entschluß, Koch zu werden, und

Les Baux

Seit keltischer Zeit galt der Felsen von Les Baux als strategisch wichtig. Die Geschichte des Ortes erlangte jedoch erst im 11. Jahrhundert Bedeutung, als die Adelsfamilie der Seigneurs des Baux hier eine Festung erbaute. Über 79 Dörfer und Burgen erstreckte sich ihre Herrschaft. Die stolzen Seigneurs führten ihre Familie direkt auf Balthasar, einen der heiligen drei Könige aus der Bibel, zurück und führten einen sechzehnzackigen Stern im Wappen. Im 12. Jahrhundert kämpften die Herren von Les Baux mit den katalanischen Grafen um die Vorherrschaft in der Provence – und mußten sich nach einer Belagerung ihrer Festung geschlagen geben. Trotzdem war Les Baux im 12. und 13. Jahrhundert, zur Zeit der Troubadoure, eines der blühenden Zentren des höfischen Lebens. Nach dem Tod der letzten Prinzessin von Baux wird das Gebiet zur simplen Baronie. König René vertraut es seiner Frau Jeanne an, die später, als die Provence französisch wird, gegen Ludwig XI. Widerstand leistet. Die Festung wird geschliffen. Ab 1528 lebt der höfische Stil unter Anne de Montmorency nochmals auf. Schloß und Adelshäuser werden restauriert. Anfang des 17. Jahrhunderts wird die Festung auf Befehl Richelieus endgültig zerstört, nachdem sich der letzte Gouverneur der Stadt, Antoine de Villeneuve, an der Seite des Grafen von Orléans gegen Ludwig XIII. erhoben hatte. Trotzdem gibt es auch heute noch einen Marquis von Baux: Fürst Rainier von Monaco.

TIPS & INFOS

Ausführliche Informationen finden Sie auf Seite 92f.

LES BAUX

Einwohner: 457
Höhenlage: 280 m ü. d. M.
Postleitzahl: 13 520

Informationen

Office de Tourisme
Tel. 04 90 54 34 39

Museum

Musée de l'Olivier
La Citadelle
Öffnungszeiten: im Sommer 8.30-21 Uhr, Frühling und Herbst 8.30-19 Uhr, Winter 9-17 Uhr

ÜBERNACHTEN

Unsere Adreßempfehlungen finden Sie auf Seite 92.

ESSEN

Oustaù de Baumanière*
Tel. 04 90 54 33 07
Mittwoch und Donnerstagmittag geschlossen

La Riboto de Taven
Val d'Enfer
Tel. 04 90 54 34 23
Dienstag (in der Vorsaison) und Mittwoch geschlosssen

WEINGUT

Mas Sainte-Berthe
Tel. 04 90 54 39 01

Glanum, im Hintergrund Saint-Rémy.

hängte dafür kurzerhand seine Karriere als Versicherungsdirektor an den Nagel.
Schlichter wird es im Süden des Vallon. Neben einigen Hotels findet man mit einigen Suchen sogar noch einen echten Bauernhof mit Ställen und Traktor – irgendwie ist es ein beruhigendes Gefühl zu erfahren, daß nicht jeder Einwohner von Les Baux einen Souvenirshop sein eigen nennt.
Die Umgebung von Les Baux ist auch Weinbaugebiet: Als bestes Weinschloß der Umgebung gilt die Domaine Trévallon in **Saint-Etienne-du-Grès** an der D 32 mit ihrem hervorragenden Rouge aus 60% Cabernet-Sauvignon und 40% Syrah-Trauben. Auch Restaurantbesitzer Jean-André Charial von der Oustaù de Baumanière hat sich ein Weingut zugelegt: Sein Château Romanin in Saint-Rémy bezeichnet er wegen der besonders schönen Kelleranlagen gern als »Kathedrale des Weins«. Mit seinen »biodynamischen« Anbaumethoden (die weit über biologischen Weinbau hinausgehen – den Lesezeitpunkt der Trauben errechnet beispielsweise ein Astrologe) fällt die Qualität seiner Weine jedoch von Jahr zu Jahr höchst unterschiedlich aus.

Herbes de Provence

Südlich von Orange kann man ihnen nicht mehr entgehen: In allen Souvenirläden werden Herbes de Provence, getrockneter Rosmarin, Thymian, Oregano und Bohnenkraut angeboten – die berühmten Kräuter der Provence. Wer glaubt, mit einem Säckchen Kräuter ein typisch provenzalisches Andenken für den heimischen Herd erstanden zu haben, irrt sich gewaltig: Früher sammelten die Kräuterverkäufer ausschließlich wilde Pflanzen, um sie auf dem Markt anzubieten. Natürlich wird in der provenzalischen Küche viel Thymian, Lorbeer, Bohnenkraut, Rosmarin, Fenchel,

Basilikum, Salbei oder Petersilie verwendet, übrigens fast immer in Kombination mit Knoblauch und/oder Zwiebeln. Aber in die Kochtöpfe der Sonnenregion sollten, geht es nach den Traditionsrezepten, natürlich nur frische Kräuter wandern. In keinem einzigen der traditionellen provenzalischen Rezepte finden Sie den Satz: »Man nehme Herbes de Provence.« Einfache Touristenlokale verwenden die Trockenkräuter trotzdem gern: Sie überdecken mit großzügig verstreuten Herbes den Geschmack von minderwertigen Steaks und Entrecôtes.

Saint-Rémy und Glanum

Saint-Rémy steht für mehr als 2300 Jahre provenzalische Geschichte: Hier siedelten die Römer, hier wurde Nostradamus geboren. Die archäologischen Entdeckungen kann man im Ortszentrum hinter der Place Favier im Hôtel de Sade bewundern. Das Hôtel Mistral de Mondragon nebenan beherbergt ein kleines Heimatmuseum (Tel. 04 90 92 08 10). Wir verlassen Saint-Rémy im Süden über die D 5. Links liegt das ehemalige Kloster Saint-Paul-de-Mausole, heute eine Klinik. Vincent van Gogh ließ sich hier von 1889-1890 pflegen. Etwa einen Kilometer hinter der Ortsausfahrt entdeckt man links das Ruinenfeld von Glanum. Die römische Besiedlung begann schätzungsweise im 3. Jahrhundert v. Christus. Schon vor den großen Ausgrabungen – sie begannen 1921 – ließ sich der Maler Fragonard an dieser Stelle von den Ruinen inspirieren.

Ausgangs- und Zielort:
SAINT-RÉMY

Länge:
ETWA 25 KM

2-3 STD.

4-5 STD.

Unsere Adreßempfehlungen finden Sie ab Seite 112f.

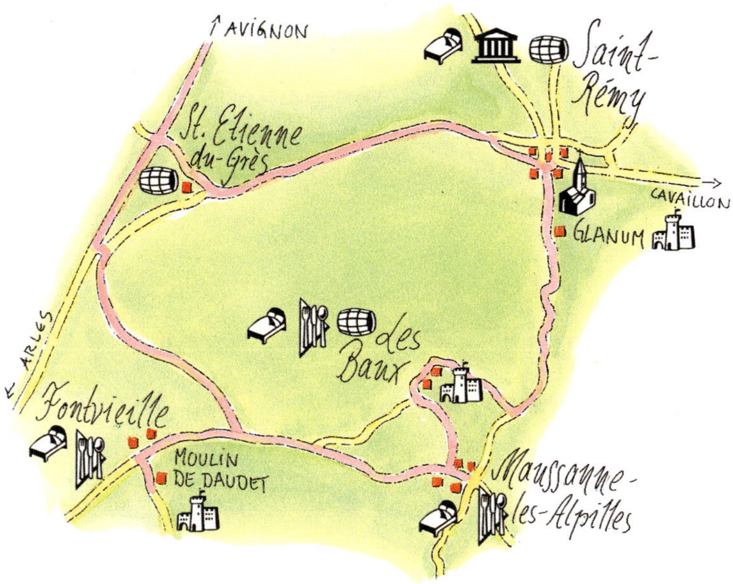

Die »Briefe aus meiner Mühle« sind keine reine Phantasie von Alphonse Daudet. Die Mühle gibt es tatsächlich: Sie steht ein wenig südlich von Fontvieille, beherbergt heute ein kleines Daudet-Museum (Tel. 04 90 54 60 78) und bietet einen herrlichen Blick auf das Umland. Nur: Weder gehörte Daudet die Mühle, noch lebte er dort. Der Schriftsteller hatte sich auf seinen Ausflügen in die Provence stets für ein luxuriöseres Domizil entschieden und wohnte bei Freunden im nahen Château de Montaubon, seine Romane schrieb er hingegen im Pariser Domizil. Alphonse Daudet hatte »seine« Mühle ganz einfach auf einem Spaziergang entdeckt und schwärmte genau wie die heutigen Besucher von der Aussicht.

Weiter geht es Richtung Süden über die D 5. Nach etwa acht Kilometern muß man rechts Richtung Les Baux in die D 27 a einbiegen. Die letzten Meter zur Felsfestung muß man zu Fuß zurücklegen.

Im Süden von Les Baux links abbiegen in die D 27 Richtung Maussane. Der Ort ist berühmt für sein Olivenöl: Es stammt von der Coopérative oléicole de la Vallée des Baux und gilt als eines der besten der Region. (Der Weg dorthin ist ausgeschildert.) Auch die beiden Restaurants von Maussane sind nicht zu verachten.

Im pflanzenüberwucherten Au Ravi provencau widmet man sich der regionalen Tradition: Trüffelrührei, Soupe au Pistou (Gemüsesuppe), Kalbsbriespfännchen mit Bohnen und Erbsen und Rinderschmortopf nach alter Art, genießt man am besten im idyllischen Garten.

Ein paar Meter weiter westlich auf der Avenue de la Vallée des Baux in La Petite France kocht der junge ambitionierte Thierry Maffré-Boge. Das kleine rosa gestrichene Haus an der Hauptstraße wirkt zwar nicht gerade spektakulär, aber stilvoll, und seine Spezialitäten wie Olivenravioli mit Ricotta und Salbei, Rotbarbenfilets mit Böhnchen und Olivenöl, Schweinsfuß im Schweinsnetz mit Morcheln, Lammfilets mit eingelegtem Knoblauch und Thymiansauce waren 1995 dem Michelin einen ersten Stern wert.

Anschließend wenden wir uns über die D 17 nach Westen. Im Süden von Fontvieille (in der Ortsmitte links abbiegen) liegt der Moulin de Daudet. Der Schriftsteller Alfonse Daudet sammelte hier Anregungen für sein Werk »Briefe aus meiner Mühle«.

Autofahrer können jetzt kurz zurückfahren und über die D 33 und N 570 zurück nach Saint-Rémy oder Arles gelangen. Falls Sie mit dem Fahrrad unterwegs sind: In Fontvieille übernachten oder ins 10 Kilometer westlich gelegene Arles fahren. Eine Bemerkung sei hier noch erlaubt: Die teilweise steilen Streckenabschnitte rund um Les Baux sind eher etwas für trainierte Radfahrer.

Abendstimmung in den Gassen von Les Baux.

Ausgangs- und Zielort:
SAINTES-MARIES-DE-LA-MER

Voraussichtliche Dauer des Ausflugs:

½ TAG

Die Camargue

Abstecher nach:

SAINTES-MARIES-DE-LA-MER

Im Rhônedelta

Die Camargue

Ein riesiger Sumpf im Rhônedelta, durchzogen von Seen, Lagunen und Kanälen, bevölkert von Stieren und wilden Pferden, daneben Reisfelder und Salinen – diese Camargue gibt es heute noch. Im 1970 gegründeten Nationalpark versucht man, die Tradition der Region zu bewahren.

Dabei ist die Reisanbaufläche in den vergangenen 30 Jahren um mehr als zwei Drittel geschrumpft, und auch die Stier- und Pferdezüchter werden seltener. Doch noch immer findet man auf den **Ilots des Rieges** seltene Vogel- und Pflanzenarten, noch immer kommen die Stiere, die in den Arenen von Arles oder Saint-Gilles bei den Courses Camarguaises (s. Seite 46) losgelassen werden, von den hiesigen Farmen. Einige dieser sogenannten Manades kann man besichtigen: In der **Manade**

Im Rhônedelta kann man Tiere beobachten, die es sonst fast nirgends in Europa gibt, so zum Beispiel Flamingos.

Neben der Corrida, der blutigen Variante des Stierkampfs, gibt es in der Provence die Courses Camarguaises: Gleich mehrere junge Männer kämp-

fen dabei in einer Arena gegen einen Stier – nicht um ihn zu töten, sondern um ihm die sogenannte Cocarde, ein rotes Band, das zwischen seinen Hörnern befestigt ist, mit Hilfe eines vierzackigen Kamms zu entreißen. Razeteurs heißen die mutigen Burschen, die bei den Courses wesentlich mehr riskieren als der Stier selbst: Sobald das Tier auf sie losgeht, retten sie sich mit einem Sprung hinter eine Schutzmauer. Damit das Risiko für die Spieler nicht zu groß wird, greifen die sogenannten Tourneurs gelegentlich ins Geschehen ein, um die Aufmerksamkeit des Stiers abzulenken. Als Lohn der Mühe lockt die Auszeichnung »Trophée Taurin« – sie wird am Ende der Saison freilich nicht dem besten Spieler, sondern dem besten Stier verliehen.

Chapelle etwa werden rund 350 Tiere gehalten. Die Stiere (jeder von ihnen wiegt 350 bis 400 Kilo) leben das ganze Jahr über im Freien und genießen fast unbegrenzten Auslauf. Dreimal am Tag schauen die Gardians der Herde nach dem Rechten. Nach Cowboyart sind sie dabei meist zu Pferd unterwegs (einige sind freilich auf Jeeps umgestiegen), und ganz wie im alten Westen werden die einjährigen Kälber mit Brandzeichen versehen. Das Kalb mit bloßen Händen vor dem Branden zu Boden zu zwingen gilt als Mutprobe unter Gardians. Dieser Brauch wird Ferrade genannt und geht auf das 17. Jahrhundert zurück.

Ansonsten wachsen die Rinder so natürlich wie möglich auf: Kraftfutter ist verpönt, die Tiere ernähren sich im Sommer von Wiesengräsern, im Winter wird Heu gefüttert. Inmitten der Stierherde grasen meist auch einige Pferde: die Chevaux Camarguais, die für ihre Stärke und Ausdauer berühmt sind. Jedes dieser Tiere kann pro Tag 60 Kilometer zurücklegen, heißt es. Geübte Reiter können die Camargue also auch zu Pferd entdecken: Die Association des loueurs de chevaux de Saintes-Maries-de-la-Mer informiert über Adressen und Preise von Pferdeverleihern.

Auch einige Salinen haben ihre Tore für interessierte Besucher geöffnet: Die Compagnie des Salins du Midi in **Salin-de-Giraud** gewinnt pro Jahr etwa 800 000 Tonnen Salz – fast erinnert das Firmengelände an eine weiße Polarlandschaft. Besichtigungen sind nur über des Office du Tourisme in Arles möglich.

In der Rizerie Bongran in Arles (Tel. 04 90 97 20 29) kann man nach Voranmeldung den Reisanbau in der Camargue kennenlernen: Für die Produktion eines Kilos der weißen Körner benötigt man 5 Sonnenmonate und nicht weniger als 6000 Liter Süßwasser. »Drei Liter Wasser pro Sekunde und pro Hektar sind für den Reisanbau nötig«, erläutert der Führer, »und das 136 bis 150 Tage lang.« In den »Reisgebieten« der Camargue ist der Boden deshalb immer mit drei bis vier Zentimetern Wasser bedeckt, gesät wird im April, geerntet Ende September: Bis zu 300 Kilo Reis bringt ein Hektar Camargueboden hervor.

Wer sich für die Region interessiert, wird sich einen Besuch im **Musée Camarguais** nicht nehmen lassen. Das südwestlich von Arles, links der D 570 gelegene Museum erläutert die Geschichte der Region anhand von Dias, Modellen und Zeichnungen. Ein 3,5 Kilometer langer Rundweg schließt sich an.

Stierzucht in der Camargue: auf der Manade Chapelle.

TIPS & INFOS

Ausführliche Informationen finden Sie auf Seite 112

SAINT-MARTIN-DE-CRAU

Einwohner: 11 040
Höhe: 22 m ü. d. M.
Postleitzahl: 13310

Museen

Musée Carmaguais
Mas du Pont de Rousty-Albaron
Tel. 04 90 97 10 82
Öffnungszeiten: April – Juni, Sept. 9.15–17.45 Uhr, Juli, Aug. 9.15–18.45 Uhr, Okt. – März 10–16.45 Uhr, Dienstag geschlossen

Salins du Midi
Salin-de-Giraud
Besichtigungen über
Tel. 04 90 18 41 22

STIERZUCHT

Manade Chapelle
Mas de Perne (an der N 568)
Tel. 04 90 47 16 23

Von Saintes-Maries-de-la-Mer über den Damm der Camargue

Ausgangs- und Zielort:
SAINTES-MARIES-DE-LA-MER

Länge:
18 KM

Voraussichtliche Dauer des Ausflugs:
5 STD.
2 STD.

Wir parken an der Ostseite von Saintes-Maries-de-la-Mer in der Verlängerung der D 38 am Strand. Südlich des Etang dit l'Impérial liegt ein etwa 1,5 Meter hoher Damm. Er ist nur für Fußgänger und Radfahrer zugänglich. Ein paar Schritte weiter östlich beginnt die Réserve Nationale de Camargue (Naturreservat der Camargue). Bitte beachten Sie, daß Ausflüge auf die Dünen seit neuestem verboten sind. Wir folgen dem Damm Richtung Osten: Wunderbare Aussicht auf Seen und Sümpfe der Camargue. Reiher, Möwen und Enten begleiten uns auf dem Weg – und natürlich die rosa Flamingos. Fünf- bis sechstausend von ihnen leben ständig in der Camargue.
Der Phare de la Gacholle ist der Endpunkt unseres Ausflugs: Ein schlichter, viereckiger Leuchtpunkt zwischen den Seen.
Zurück geht es auf demselben Weg, besonders während eines sommerlichen Sonnenuntergangs zeigt sich die Camargue in ihrer ganzen Schönheit.

Durch die Camargue

Ausgangspunkt für unseren Abstecher ist Saintes-Maries-de-la-Mer. Der Ort wurde für sein Zigeunerfestival am 24./25. Mai bekannt. Gitanes aus ganz Europa ziehen dann in das kleine Dorf in der Camargue, um ihre Schutzpatronin Sarah zu feiern, eine Statue der Heiligen wird dabei zum Meer getragen. Übrigens gibt es am vorletzten Sonntag im Oktober eine weitere Wallfahrt, die nach dem gleichen Zeremoniell abläuft – mit wesentlich weniger Touristen.
Wir verlassen den Ort über die D 570 Richtung Norden. Im Parc Ornithologique du Pont de Gau kann man die in der Camargue lebenden Vogelarten in ihrer natürlichen Umgebung

Ausgangs- und Zielort:
SAINTES-MARIES-DE-LA-MER

Länge:
47 KM

2 STD.

4 STD.

TIPS & INFOS

Ausführliche Informationen finden Sie auf Seite 113

SAINTES-MARIES-DE-LA-MER

Einwohner: 2232
Höhe: 1 m ü. d. M.
Postleitzahl: 13460

Informationen

Office de Tourisme
Avenue Van Gogh
Tel. 04 90 97 82 55

Museum

Château d'Avignon
Pont de Gau
Route d'Arles
Tel. 04 90 97 86 32

ÜBERNACHTEN

L'Estelle
4 km über die D 38
Route du Petit-Rhône
13460 Saintes-Maries-de-la-Mer
Tel. 04 90 97 89 01

STIERSPIELE

Domaine de Méjanes
Tel. 04 90 97 10 10

Parc Ornithologique du Pont de Gau
Tel. 04 90 97 82 62
Öffnungszeiten: April–Sept. 9–18 Uhr, Okt.–März 9.30–17 Uhr

PFERDE-AUSFLÜGE

Association des loueurs de chevaux de Saintes-Maries-de-la-Mer
Tel. 04 90 97 82 55

erleben. Einige Kilometer weiter liegt das Château d'Avignon links am Weg. Das Anfang des 18. Jahrhunderts für Joseph d'Avignon errichtete Bauwerk gehörte, bevor es in ein Museum umgewandelt wurde, dem Marseiller Industriellen Louis Prat-Noilly. Vor dem Dorf Albaron geht es rechts in die D 37. Autofahrer können zuvor eventuell einen Besuch im Musée Camarguais, dem Museum der regionalen Tradition, einplanen. An der nächsten Kreuzung halten wir uns links Richtung Villeneuve.

Rechts hingegen geht es zur Domaine de Méjanes am Etang de Vaccarès. Hier werden regelmäßig Stierspiele für Touristen veranstaltet. Per Pferd oder mit einem kleinen Zug kann man Ausflüge unternehmen.

In Villeneuve biegen wir rechts ab und fahren weiter Richtung Süden. Versäumen Sie es nicht, die wunderschöne Aussicht über den See am Pont Noir zu genießen. Wenig später gelangt man zur ersten Saline, der Salin de Badon.

Die Saline von Giraud.

Radfahrer können an der nächsten Kreuzung rechts abbiegen und über den Phare de la Gacholle und den Damm (siehe S. 48) nach Saintes-Maries-de-la-Mer zurückfahren (etwa 20 Kilometer). Autofahrer müssen entweder denselben Weg zurück nehmen oder können, nach einem Abstecher zur Saline von Giraud, über die D 36 nach Arles fahren.

Vogelparadies Camargue.

Ausgangs- und Zielort:
CHÂTEAUNEUF-DU-PAPE

Länge:
27 KM

Voraussichtliche Dauer des Ausflugs:

$1^1/_2$–2 STD.

3–4 STD.

Châteauneuf-du-Pape

In den Weinbergen

Châteauneuf-du-Pape

Wenn im 14. Jahrhundert ein Wein die päpstlichen Lippen benetzen durfte, kam er meist aus Châteauneuf-du-Pape. Die Päpste aus Avignon unterhielten hier eine Zweitresidenz, von der heute nur noch wenige Reste des Donjon erhalten sind. Das eigentliche Schloß wurde während der Religionskriege Opfer der Flammen. Ehrlich gesagt sind die kümmerlichen Ruinen wenig sehenswert, aber Aussicht und Anfahrt sind schön. Zudem kann man im Frühling oder Spätherbst, wenn der Andrang nicht ganz so groß ist, im Schatten des Papstschlosses wunderbar picknicken.

Die Rue Joseph-Ducot in Châteauneuf-du-Pape. Im Hintergrund der Turm des alten Papstpalastes.

Der Ort Châteauneuf-du-Pape selbst ist besonders interessant: Sämtliche Restaurants und Geschäfte des Ortes liegen auf der **Rue Joseph-Ducot** und dem benachbarten Platz. In den Seitenstraßen haben gute und weniger gute Winzer Degustationskeller eingerichtet. Überall locken Schilder mit Gratis-Weinproben. Selbstverständlich hoffen die Winzer darauf, daß jeder, der bei ihnen gratis trinkt, danach ein paar Flaschen kauft. Obendrein macht eine Degustation auf dem Weingut mehr Spaß als in einem normalen Geschäft. Fast alle Weingüter von Châteauneuf stehen interessierten Besuchern offen. Melden Sie Ihren Besuch trotzdem stets vorher telefonisch an. Schließlich handelt es sich um Betriebe, auf denen hart gearbeitet wird – nicht um ein Museum.

Wir verlassen Châteauneuf-du-Pape Richtung Osten auf der D 17. Nach etwa einem Kilometer biegen wir rechts ab: Rechts am Weg liegt Château La Gardine. Wir aber fahren weiter geradeaus durch die Rebfelder. Kurz hinter der nächsten Kreuzung liegt das **Château Mont-Redon**: Sein hochwertiger roter und weißer Châteauneuf-du-Pape wird regelmäßig auf Weinmessen wie der Vinexpo ausgezeichnet. Seit drei Generationen bewirtschaften die Familien Abeille und Fabre die traditionsreichen Weinberge, auf denen vor 2000 Jahren schon Reben der Römer standen. Heute gehören geringe Hektarerträge und klassische Weinbereitung zu den Erfolgsgeheimnissen des Hauses.

Château de la Nerthe.

Nach dem Besuch auf Mont-Redon geht es zurück zur Landstraße, dann in östliche Richtung zur D 68 abbiegen. Nach etwa zwei Kilometern durch Weinreben geht es nach rechts auf die D 72.

Die Trauben, die man etwa zwei Kilometer weiter kurz vor der Autobahn auf der linken Seite sieht, gehören zum **Château de Beaucastel**: Sämtliche dreizehn zugelassenen Châteauneuf-Rebsorten werden hier angebaut: Grenache, Mourvèdre, Syrah, Cinsault, Vaccarese, Counoise, Terret Noir, Muscardin, Clairette, Picpoul, Picardin, Bourboulenc und Roussanne. Seit 1964 haben Beaucastels Reben keine Pestizide, Herbizide oder Kunstdünger gesehen!

Wir verlassen jetzt die Straße nach Courthézon und biegen rechts ab in eine Landstraße, die nach Châteauneuf zurückführt. Kurz hinter einer zweiten Kreuzung liegt das **Château du Rayas** rechts am Weg, das einen teuren, schon fast legendären roten Châteauneuf-du-Pape er-

zeugt. Zu den Bewunderern des Hauses gehören die Weinpäpste Parker und Johnson!
Kurz darauf entdeckt man auf der linken Straßenseite die Weinberge von Nalys, einem weiteren Spitzen-Weingut, das bis zur französischen Revolution im Besitz der Kirche war.
Bevor wir am Ortseingang von Châteauneuf wieder links abbiegen (müde Fahrradfahrer können von hier aus auch leicht auf den Dorfplatz zurückkehren), fahren wir am **Clos des Papes** vorbei. Seit gut drei Jahrhunderten erzeugt die Familie Avril hier ihre guten Weine.
Etwa drei Kilometer weiter östlich, Richtung Bédarrides, gelangt man kurz hinter einer Kreuzung zum **Château de la Nerthe:** Ein umwerfend schönes Weingut mit Park und Kellern aus dem 17. und 18. Jahrhundert. Mistral widmete ihm die Zeilen: »Wenn der Most aus Nerthe im Glas vibriert und lacht . . .« Auch heute noch gehören die roten und weißen Châteauneuf-du-Pape dieser Domaine (aus Grenache, Mourvèdre, Syrah und neun anderen Rebsorten) zu den allerbesten der Gegend.
Ein weiteres Spitzenweingut, vielleicht das bekannteste der ganzen Region, liegt etwas weiter östlich auf dem Weg nach Bédarrides: Die **Domaine du Vieux Télégraphe**. Das Weingut ist für seine kräftigen, traditionellen roten Châteauneuf-du-Pape aus den Rebsorten Grenache (70%), Syrah (15%) und Mourvèdre (15%) berühmt. Lese von Hand und geringe Hektarerträge (31 Hektoliter im Durchschnitt) sind hier noch selbstverständlich, mit nur 20 000 abgefüllten Flaschen ist auch der weiße Télégraphe eine kleine Rarität.

TIPS & INFOS

Ausführliche Informationen finden Sie auf Seite 96f.

CHÂTEAUNEUF-DU-PAPE

Einwohner: 2062
Höhe: 117 m ü. d. M.
Postleitzahl: 84230

Informationen

Office de Tourisme
Place du Portail
Tel. 04 90 83 71 08
Öffnungszeiten:
9–12.30 Uhr, 14–18 Uhr,
Juli – Aug. 9–20 Uhr, Sonntag und Montag geschlossen,
Betriebsferien: November

Winzermuseum

Musée Père Anselme
Avenue Bien-Heureux
Route d'Avignon
Tel. 04 90 83 70 07
Öffnungszeiten: 15. Juni – 15. Sept. 9–19 Uhr,
16. Sept. – 14. Juni
9–12 Uhr, 14–18 Uhr

Terrasse mit Brunnen vor dem Château de la Nerthe.

Das Etikett

Wichtige Informationen über den Inhalt einer Flasche erhält man bereits beim Betrachten des Etiketts. Bei den meisten Weinen der Provence steht zuerst der Name des Erzeugers, darunter der Jahrgang und die Herkunftsregion. Obligatorisch ist die Erwähnung der Weinkategorie: Tafelwein (vin de table), Landwein (vin de pays), Wein gehobener Qualität (VDQS = Vin Délimité de Qualité Supérieure) oder kontrollierte Herkunftsbezeichnung (AOC = Appellation d'Origine Controlée). Letzteres ist die Spitzenklasse und bezieht sich immer auf die Region, in der der Wein hergestellt wird. Folgende AOC-Lagen gibt es südlich von Montélimar:

Vallée du Rhône Méridionale:
- Côtes-du-Rhône
- Côtes-du-Rhône-Villages
- Châteauneuf-du-Pape
- Gigondas
- Lirac
- Tavel
- Côteaux du Tricastin
- Vacqueyras
- Côtes du Ventoux

Sechzehn Weinbaugemeinden, darunter Cairanne, Rasteau, Valréas u. a. dürfen die Bezeichnung Côtes-du-Rhône-Villages mit dem Ortsnamen ergänzen.

Vins de Provence:
- Côtes-du-Lubéron
- Côtes-de-Provence
- Coteaux d'Aix-en-Provence
- Coteaux-des-Baux
- Coteaux Varois
- Bandol
- Cassis
- Palette und Bellet

Für die Süßweine Rasteau und Muscat de Beaumes-de-Venise gibt es außerdem eigene Appellationen.

Anspruchsvolle Weinliebhaber werden natürlich eine Erzeugerabfüllung wählen, die man am Zusatz »Mis(e) en Bouteille(s) au Château« oder »mis en bouteille à la propriété« erkennt. Vorschrift sind auch Name und Adresse des Abfüllers, Füllmenge sowie für den Export der Zusatz »Produit en France«.

Zusätze wie »Grand Vin«, »Réserve Personnelle« oder »Élevé en futs« (Faßausbau) haben keine gesetzliche Grundlage und entspringen oft nur der Fantasie des Winzers. Die Aufschrift »Mise en bouteilles dans la région« heißt meist, daß es sich um einen Verschnitt aus Weinen mehrerer Winzer handelt. Finger weg! Auch Aufdrucke mit Medaillen und Auszeichnungen bürgen nicht immer für Qualität: Sie sollten darauf achten, daß der Jahrgang auf der Auszeichnung mit dem gekauften Jahrgang übereinstimmt.

Zurück Richtung Châteauneuf-du-Pape erkennt man am linken Straßenrand die imposante Silhouette des Château Fines Roches. Hinter der (in einem kurios-fantastischen neomittelalterlichen Stil gehaltenen) Fassade versteckt sich das beste Hotel und Restaurant der Stadt. Im großen Saal der Hostellerie Château des Fines Roches mit imposantem Kamin werden provenzalisch inspirierte Spezialitäten serviert, für Weinliebhaber gibt es sieben schöne Zimmer. Die »Rückseite«, die wir von hier aus sehen, ist übrigens nicht halb so eindrucksvoll wie die Vorderansicht des Gebäudes, wie man es auf der Straße nach Avignon bewundern kann.
Kurz bevor wir nach Châteauneuf-du-Pape zurückkehren, werfen wir noch einen Blick auf das **Château Fortia:** Die exzellenten Rotweine des Hauses werden u.a. von Amerikas Weinpapst Robert Parker sehr geschätzt.
Die meisten Weingüter der Region kann man besichtigen. Allerdings sollte man vorsichtshalber mit dem Winzer vorab einen Termin abgesprochen haben. Im Zentrum von Châteauneuf hängt ein Lageplan der Weingüter aus.

ÜBERNACHTEN

Hostellerie Château des Fines Roches
Route de Sorgues
Tel. 04 90 83 70 23
Fax 04 90 83 78 42

ESSEN

Le Pistou
15, rue Joseph-Ducos
Tel. 04 90 83 71 75
Sonntagabend und Montag geschlossen

WEINGUT

Unsere Adreßempfehlungen finden Sie auf Seite 96f.

Hostellerie Château Fines Roches.

Weinbau in der Provence

Provence – das ist für die meisten Besucher ein hellrot schimmernder Rosé. Frische, leichte Weine, deren Zauber spätestens dann verfliegt, wenn man die südliche Sonne verläßt und die letzte Flasche daheim unter grauem Himmel entkorkt. Zum Glück hat die Region besseres zu bieten: Südlich von Montélimar beginnt die Weinbauregion des »Vallée du Rhône Méridionale«. Neben einigen guten Rotweinen, die unter den Bezeichnungen »Côtes du Rhône« und »Côtes-du Rhône-Villages« – teilweise mit Zusatz des Dorfnamens – verkauft worden, sind besonders die Weine aus »Châteauneuf-du-Pape« bekannt. Der Wein der Päpste wurde seit dem 14. Jahrhundert auf diesen Hügeln angebaut und besteht aus nicht weniger als dreizehn verschiedenen Rebsorten: Grenache, Mourvèdre, Syrah, Cinsault, Vaccarese, Counoise, Terret Noir, Muscardin, Clairette, Picpoul, Picardin, Bourboulenc und Roussanne. Roter Châteauneuf-du-Pape ist mit 12,5%vol Alkohol oft recht schwer, aber – zumindest bei den besseren Winzern – trotzdem sehr elegant. Unbedingt kosten sollte man auch den raren weißen Châteauneuf-du-Pape.

Reputiert für ihre kräftig-fruchtigen Rotweine ist die Appellation Gigondas. Der süße, weiße Muscat-de-Beaumes-de-Venise hat es in den letzten Jahren zu einem regelrechten Modewein gebracht. Bekannte Köche aus ganz Frankreich servieren ihn gern ihren Gästen zum Dessert. Auch sein Nachbar, der süße Rasteau, gilt als erstklassiger Dessertwein.

Zu den »Vins de Provence« im eigentlichen Sinne gehören neun Appellationen, die sich von Saint-Rémy bis in die Umgebung von Fréjus erstrecken. Zu gut 60% werden leichte Rosés produziert, daneben gibt es 30% Rote aus Rebsorten wie Carignan, Cabernet Sauvignon, Grenache, Syrah, Cinsault, Tibouren und Mourvèdre, der Rest der Produktion entfällt auf Weißweine aus Trauben der Rebsorten Clairette, Ugni Blanc, Sémillon oder Rolle.

Wer in dieser Region Weine kostet, darf mit Überraschungen rechnen: Jeder Winzer unterscheidet sich vom anderen, sei es in der Wahl seiner Rebsorten (die Weinbaugesetze lassen den Winzern der Provence da vergleichsweise viel Freiheit) oder in seinen Vinifikationsmethoden. Einige »Hobbywinzer«, oft vermögende Industrielle, haben kräftige Investitionen in ihre neuen Weingüter gesteckt und sind überzeugt davon, auf ihrem Grund und Boden die großen Weine von morgen zu erzeugen. Andere Weinbauern setzen ganz auf Masse und überschwemmen den Markt mit dem schon erwähnten Billig-Rosé. In den Restaurants der Region können einem sowohl interessante Rotweine kaum bekannter Winzer begegnen als auch leichte, charakterlose Touristenweine. Wie gesagt, man muß in jeder Hinsicht auf Überraschungen gefaßt sein.

Weingenuß in Châteauneuf-du-Pape.

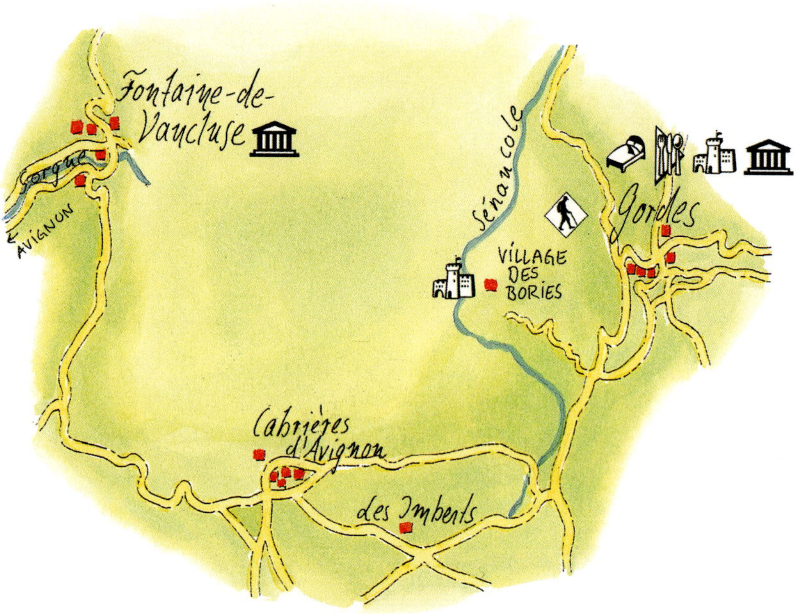

Ausgangs- und Zielort:
GORDES

Voraussichtliche Dauer des Ausflugs:

1 TAG

Gordes und Umgebung

Wanderung nach:

ABTEI VON SENANQUE

Gordes und Umgebung

Die **Bories** machten Gordes bekannt: Kleine Hütten in Form eines Bienenkorbes, gebaut ohne Mörtel und lediglich zusammengefügt aus flachen Steinen. Die Fremdenführer der Region bemühen sich redlich, rund um die Bories ein ganzes Mysterium aufzubauen: Sie erzählen gern, daß bereits in der Steinzeit Menschen in Bories lebten – nicht nur in der Provence, sondern auch in Sardinien, Spanien, dem Baskenland und den Balearen. Leider nur sind die provenzalischen Steinhütten ganz und gar nicht geeignet, die Geschichte von der steinzeitlichen Bories-Kultur zu untermauern: Die ältesten Exemplare stammen aus dem 16. Jahrhundert, viele entstanden sogar erst im 19. Jahrhundert. Verständlicherweise bedienten sich die damaligen Handwerker gern günstiger Materialien, die ihnen vor Ort zur Ver-

Auch wenn sie es nicht sind, die etwas unförmigen Bories wirken wie Zeugen aus einer lange vergangenen Zeit.

TIPS & INFOS

Ausführliche Informationen finden Sie auf Seite 100

GORDES

Einwohner: 2031
Höhe: 373 m ü. d. M.
Postleitzahl: 84220

Informationen

Office de Tourisme
Place du Château
Tel. 04 90 72 02 75

Museum

Musée didactique Vasarély
Place du Château
Tel. 04 90 72 02 89
Öffnungszeiten: 10–12 Uhr, 14–18 Uhr, Dienstag sowie Juli und August geschlossen

ÜBERNACHTEN

Unsere Adreßempfehlungen finden Sie auf Seite 100.

ESSEN

Le Mas Tourteron
Chemin St. Blaise
Tel. 04 90 72 00 16
Montag geschlossen

EINKAUFEN

Honig

Le Miel Peyron
Place du Marché

fügung standen. Viele der Bories waren einfach nur Geräteschuppen, einige sind hingegen heute noch in Gebrauch: Als Hotelzimmer oder Zweitwohnungen vermögender Pariser.
Über Gordes thront das Schloß des Ortes. Ein gewisser Bertrand de Simiane hat es 1525 auf dem Gelände einer Festung aus dem 12. Jahrhundert erbauen lassen. Neben einem Abstecher in die Grande Salle mit ihrem eindrucksvollen Kamin lohnt sich vor allem ein Besuch im **Musée didactique Vasarély.**
Für einen Ausflug bietet sich die Quelle der Vaucluse im gleichnamigen Dorf **Fontaine-de-Vaucluse** westlich von Gordes an. Ein unterirdischer Fluß tritt hier, gesäumt von Feigenbäumen, ans Tageslicht und speist die Sorgue mit seinen grün schimmernden Wassern. Ein beeindruckendes Naturschauspiel.
Das nahe Museum **Monde Souterrain de Norbert Casteret** erzählt die Geschichte der Erforschung der Quelle: Den ersten Tauchversuch unternahm am 26. März 1878 ein gewisser Ottonelli. Er drang bis in 23 Meter Tiefe vor. Commandant Cousteau kam 1955 bis in 74 Meter Tiefe und war immer noch weit vom Grund entfernt. Erst im August 1985 setzte ein elektronisch gesteuertes Mini-U-Boot mit Namen Modexa in 315 Meter Tiefe auf – nur um in unmittelbarer Nachbarschaft weitere, noch größere Unterwasserkanäle zu entdecken, die bis heute unerforscht sind.
In dem nahen Moulin à Papier de Vallis Clausa kann man die Handwerkstradition der Papierherstellung kennenlernen.

Ein Besuch des Schlosses von Gordes bietet kontrastreiche Eindrücke: In der Festung aus dem 12. Jahrhundert sind die streng geometrischen und sehr dekorativen Gemälde des ungarischen Künstlers Victor de Vasarély untergebracht.

Banon, Cachat und Tomme
Käse der Region

Fromage gehört einfach zu Frankreich. Über 300 Käsesorten kennt das Land, und selbstverständlich kommen einige davon aus der Provence. Am bekanntesten ist der kleine, runde Banon, der noch von Hand in Kastanienblätter eingewickelt wird. Er wird im Winter aus Schafsmilch, im Sommer aus Ziegenmilch und während des restlichen Jahres aus Kuhmilch hergestellt. Früher wurde der Banon im Winter in Fruchtschnaps, angereichert mit Pfeffer, Thymian, Gewürznelken und Lorbeer, eingelegt. Die besten Käse tischten die Provenzalen anschließend zu Neujahr ihren Gästen auf. Den in Bohnenkraut (sarriette) gerollten Banon nennt man »poivre d'âne« (Eselspfeffer) oder, auf gut provenzalisch, »pebre d'ai«.

Der seltenere Cachat, hergestellt aus Schafs- und/oder Ziegenmilch, wird gesalzen und reift 14 Tage in einem »toupin«, einem kleinen Topf. Während des Reifeprozesses wird der Käse regelmäßig in Fruchtschnaps oder anderem Alkohol »gebadet«, je nach Geschmack kann man auch jungen Wein oder aromatisches Öl verwenden. Cachat genießt man am besten zusammen mit kleingeschnittenen Lauchzwiebeln auf einem Stück Bauernbrot, außerdem bildet er die Basis für den Fromage fort du Mont Ventoux. Für ihn wird junger Cachat zermahlen, gesalzen, gepfeffert, zum Reifen in einen Topf gelegt und sorgfältig abgedeckt. Je länger die Reifezeit dauert, desto stärker und pikanter wird der Fromage fort, im letzten Moment gibt man zum Abrunden des Aromas etwas Weinessig oder Tresterbrand hinzu.

Daneben gibt es einige Tommes aus Arles oder der Camargue auf Basis von Schafs- oder Ziegenmilch sowie den Brousse du Rove aus Kuhmilch. Letzterer wird in der Region häufig zusammen mit vielen Kräutern in Olivenöl eingelegt und, wie es die Tradition verlangt, mit etwas weißem Côteaux-d'Aix aufgetischt.

TIPS & INFOS

Ausführliche Informationen finden Sie auf Seite 99

FONTAINE-LA-VAUCLUSE

Einwohner: 580
Höhe: 75 m ü. d. M.
Postleitzahl: 84800

Informationen

Syndicat d'Initiative
Chemin de la Fontaine
Tel. 04 90 20 32 22

Museum

Le Monde Souterrain de Norbert Casteret
Chemin du Gouffre
Tel. 04 90 20 34 13
Besichtigung nur mit Führung
Montag und Dienstag sowie Juli und August geschlossen

HANDWERK

Moulin à Papier de Vallis Clausa
Tel. 04 90 20 31 72

Die Abtei von Senanque

Ausgangs- und Zielort:
GORDES

Länge:
6 KM

Voraussichtliche Dauer des Ausflugs:
2 STD.

Wir verlassen Gordes Richtung Norden. Von der Straße, die zur Abtei von Senanque führt, zweigt bald der Wanderweg GR 6 ab. Nach einigen Kilometern gelangt man zur Abbaye de Senanque, einer Zisterzienserabtei aus dem 12. Jahrhundert inmitten von Lavendelfeldern. Während der Blütezeit des Klosters lebten hier dreißig Mönche. 1544 wurde die Abtei von sogenannten Vaudois – Mitgliedern einer im 12. Jahrhundert vom Kaufmann Vaudès gegründeten Sekte, die die Sakramente und kirchliche Hierarchie verweigerte – überfallen. Die Häretiker erhängten die Geistlichen und setzten das Gebäude in Brand.

Glücklicherweise wurde die Abtei nach der Französischen Revolution von einem Privatmann erworben, der umfangreiche Renovierungsarbeiten unternahm und so dazu beitrug, daß der Bau auch heute noch in voller Schönheit erstrahlt. Abbé Baroin kaufte 1854 die Abtei für den Zisterzinserorden zurück. Erst 1969 wurde das mönchische Leben in Senanque definitiv aufgegeben. Heute ist die ehemalige Zisterzienserabtei Veranstaltungsort für diverse kulturelle Aktivitäten.

Wer nicht auf demselben Weg nach Gordes zurückwandern möchte, hält sich nach dem Besuch des ehemaligen Klosters an die D 177. Abenteuerlustige Wanderer können aber auch zunächst dem Lauf der Sénancole Richtung Süden folgen und später in einem großen Linksbogen nach Gordes zurückzukehren.

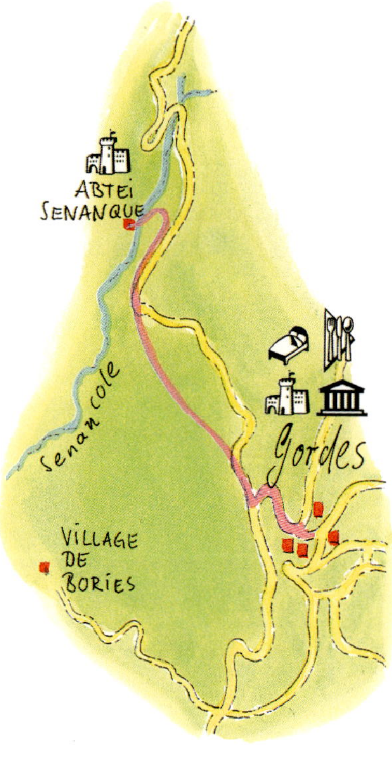

Blick über die Lavendelfelder des Klosters auf die Abtei von Senanque.

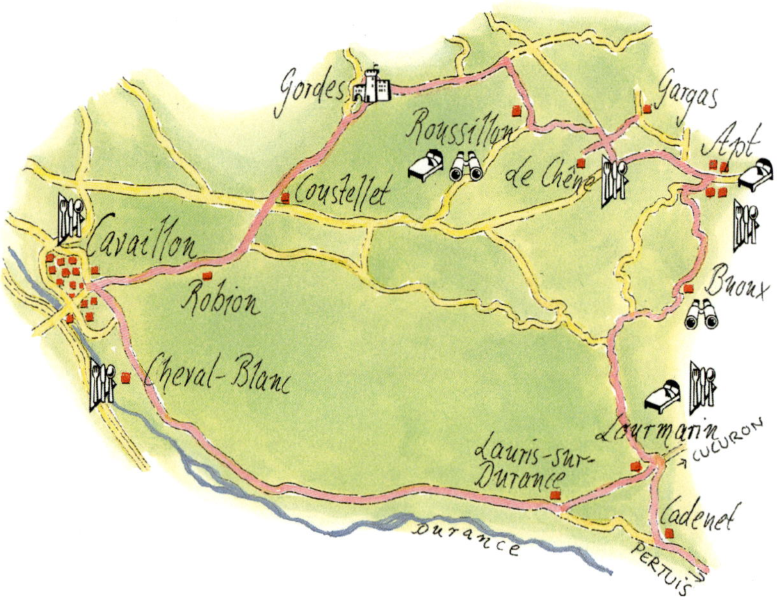

Ausgangs- und Zielort:
CAVAILLON

Länge:
95 KM

Voraussichtliche Dauer des Ausflugs:

3 STD.

2 TAGE

Rundtour durch das Lubérongebirge:

Von Cavaillon nach Gordes, Apt, Lourmarin und zurück nach Cavaillon

Von Cavaillon nach Lourmarin

Durch das Lubérongebirge

Kleine, steinerne Häuser mit ockerfarbenen Dächern schmiegen sich an die Hänge, Thymian und Rosmarin liegen in der Luft, abends zirpen die Grillen den Besucher in den Schlaf. Das ist der Montagne de Lubéron, ein typisches Stück Südfrankreich im Norden von Aix-en-Provence. Unsere Tour beginnt in **Cavaillon**, vielleicht an einem Montagmorgen, wenn die Bauern der Umgebung am Cours Bournissac, Place du Clos ihren Bauernmarkt abhalten. Die duftigen Melonen, die

Die Place du Clos in Cavaillon, im Hintergrund die Chapelle Saint-Jacques.

TIPS & INFOS

Ausführliche Informationen finden Sie auf Seite 96

CAVAILLON

Einwohner: 23 102
Höhe: 75 m ü. d. M.
Postleitzahl: 84300

Informationen

Office de Tourisme
Place François Tourel
Tel. 04 90 71 32 01
Fax 04 90 71 42 99

ESSEN

Prévot
353, avenue de Verdun
Tel. 04 90 71 32 43
Sonntagabend und Montag geschlossen

EINKAUFEN

Markt

Cours Bournissac
Montagmorgen

Käse

La Fromagerie des Alpes
69, rue Raspail

FAHRRADVERLEIH

Christian Rieu Cycles
25, av. Maréchal Joffre
Tel. 04 90 71 45 55

TIPS & INFOS
Ausführliche Informationen finden Sie auf Seite 98

CHEVAL-BLANC

Einwohner: 3032
Höhe: 83 m ü. d. M.
Postleitzahl: 84460

Informationen

Office de Tourisme
84000 Cavaillon
Place François Tourel
Tel. 04 90 71 32 01
Fax 04 90 71 42 99

ESSEN

Alain Nicolet*
Route de Pertuis
Tel. 04 90 78 01 56
Sonntagabend und Montag geschlossen, außer in der Hochsaison

TIPS & INFOS
Ausführliche Informationen finden Sie auf Seite 110

ROBION

EINKAUFEN

Konfitüren

La Roumanière
Place de l'Eglise

Mühle auf dem Weg von Cheval-Blanc nach Robion.

das Dorf in ganz Frankreich bekannt gemacht haben, finden sich an jedem zweiten Stand, dazu frisch geerntete Tomaten, Artischocken, Früchte aller Art und frischeste Fische aus dem Mittelmeer, die fast schon den Geruch einer kräftigen Bouillabaisse erahnen lassen. Als kleinen Reiseproviant kann man bei einer Käserei einen Banon au pèbre d'ai mitnehmen, den es, stets im Kastanienblatt eingewickelt, als Schafs- und als Ziegenkäse gibt. Wer vor der Fahrt schon mal einen Blick in die provenzalischen Kochtöpfe werfen möchte, reserviert bei Jean-Jacques Prévot und kostet dort die typischen Artischocken en Barigoule (gefüllt mit Pilzen und Schinken), Stockfischpüree mit rohen Gemüsen in Anchoiade (Sardellenpaste mit Knoblauch und Olivenöl) und eines der vielen Melonendesserts wie Melonensuppe mit Muscat de Beaumes-de-Venise, Melonenmillefeuille, kreolische Melonencharlotte … Oder er nimmt schon einmal das Fahrrad in Betrieb und fährt nach **Cheval-Blanc** ins Restaurant Nicolet. Lecker-Rustikales wie Salat vom Schweinsfuß, Pistou (die provenzalische Minestrone) mit Rotbarbe oder Pot-au-feu von der Entenkeule bereichert hier den Speisezettel. Die Kalorien wird man auf dem Weg Richtung Gordes wieder los.
Cavaillon verlassen wir über die Avenue Abel-Sarnette und die D 2. Nächster Halt ist am Kirchplatz von **Ro-**

Die Ockerfelsen von Roussillon: in verschiedensten, zart abgestuften und intensiv leuchtenden Nuancen tritt das eisenhaltige Mineral auf. Die Farbpalette reicht von strahlendem Gelb bis zu intensivem Rot.

bion. Bei La Roumanière gibt es feine Konfitüren mit südlichem Aroma: Orangengelee mit Orangenblüte, Apfel mit Pinienkernen, Rhabarber mit Pflaumen. Die Öffnungszeiten des Ladens sind leider recht unregelmäßig.

Über **Coustellet** erreicht man nach etwa 15 km **Gordes**. Der Ort ist bekannt für das Village des Bories, ein ländliches Dorf mit seltsamen, trockengemauerten Hütten. Kulturfreunde können von hier aus einen Abstecher zur Abtei von Senanque (s. Seite 64) unternehmen.

Weiter geht es über die D 102 nach **Roussillon**, an der Place de Castrum steigen wir kurz vom Rad, um den Blick bis zum Mont Ventoux zu genießen, und machen uns anschließend über die D 105, D 104 und D 4 Richtung **Apt** auf.

Fruits confits d'Apt, die bunten kandierten Früchte der Region, sind in ganz Frankreich heißbegehrt. Einige der besten gibt es nicht in Apt, sondern im nahe gelegenen **Gargas**, in der Confiserie Saint-Denis. Für eine kleine Pause kann man in einem der Straßencafés an der Place de la Bouquerie haltmachen, ein wenig Mandelgebäck im Pierrot Blanc kaufen oder sich wieder einmal zu Tisch setzen: Bernard Mathys heißt der beste Koch vor Ort, sein Restaurant befindet sich in **Le Chêne**, 4,5 Kilometer westlich von Apt. Ein klassisches Haus mit klei-

TIPS & INFOS

Ausführliche Informationen finden Sie auf Seite 88

APT

Einwohner: 11 506
Höhe: 205 m ü. d. M.
Postleitzahl: 84440

Informationen

Office de Tourisme
4, Avenue Ph.-de-Girard
Tel. 04 90 74 03 18
Fax 04 90 04 64 30

ÜBERNACHTEN

Relais de Roquefure
Ortsteil Saignon
Tel. 04 90 04 88 88
Fax 04 90 74 14 86

ESSEN

Bernard Mathys*
Ortsteil Le Chêne, 4,5 km westlich von Apt
Tel. 04 90 04 84 64
Dienstags und Mittwoch geschlossen

Auberge du Presbytère
Place de la Fontaine
Saignon bei Apt
Tel. 04 90 74 11 50
Mittwoch geschlossen

EINKAUFEN

Markt

Marché provençal
zwischen Cathédrale und Place de Bouquerie
Samstagvormittag

Käse

La Fromagerie - Daniel et Béatrice Enksézian
10, rue de la Sous-Préfecture

Wein

La Cave du Septier
15, Place du Septier

Gemischtwaren

Epicerie du Lubéron
8, rue René-Cassin

Süßes

Au Pierrot Blanc
36, rue des Marchands

Die dreizehn Desserts: Weihnachten in der Provence

Nach alter Tradition sind am 24. Dezember die provenzalischen Tische festlich gedeckt: Drei übereinander liegende weiße Tischdecken werden von drei Kerzenleuchtern geschmückt. Eine oder drei Tassen werden mit Mehl oder Erbsen gefüllt, auch ein Brot wird in drei Teile gebrochen: Ein Teil gilt als Anteil der Armen, der zweite als Anteil der Tischgenossen, der dritte als Glücksbringer. Gegessen wird bescheiden: Etwas überbackenes Gemüse oder eine Suppe als Vorspeise, danach eine »Raite« vom Stockfisch (gebratene Fischstücke mit Sauce aus Olivenöl, gehackten Zwiebeln, Weißwein, Kapern, gehackten Tomaten, Knoblauch, Lorbeer, Fenchel und Petersilie), eine Bouillabaisse oder ein Catigot d'anguilles (Aalragout in Rotweinsauce). Fleisch verbietet die Tradition, getrunken wird kein Wein, sondern »vin cuit«, dessen Most sechs Stunden auf offenem Feuer vor sich hin köchelt.
Das Beste folgt zum Schluß: Aufgetischt werden »les treize desserts«, die dreizehn Weihnachtsdesserts: Das können vier Teller mit Mandeln, Nüsse, Trockenfeigen, Rosinen oder Datteln sein, vier mit frischen Früchten, etwa Äpfel, Birnen, Orangen, Melonen, dazu schwarzer und/oder weißer Nougat, trockene Biscuits, kandierte Früchte und traditionelle Brotsorten wie »fougasse« oder »pompe à l'huile«. Die genaue Zusammenstellung variiert von Ort zu Ort, von Familie zu Familie.
Frédéric Mistral, provenzalischer Nobelpreisträger für Literatur, hat die festliche Zeremonie in seinen Memoiren beschrieben. Die Zahl dreizehn steht im Volksglauben für Christus und die zwölf Apostel, die drei Tischdecken, Leuchter und Teller gelten als Symbol für die heilige Dreieinigkeit. Andere Bestandteile der Mahlzeit haben ihre Ursprünge im lokalen Aberglauben. Der Anteil der Armen (»pauvre«) am Brot gilt beispielsweise nicht etwa mittellosen Wanderern, sondern den Seelen der Verstorbenen – »pauvre« heißt in Altprovenzalisch auch tot.
Früher fanden sich an Weihnachten Verwandte und Nachbarn ein. Vorbeikommenden standen die Häuser offen. Heute ist die provenzalische Weihnachtstradition fast vergessen: Nur für die Pastrage, die Hirtenmesse von Les Baux, reisen Touristen aus der ganzen Welt an.

ner Karte, auf der es von Köstlichkeiten wie Canneloni von Petits Gris (kleinen Weinbergschnecken), Rotbarbe im Kohlblatt mit Tomatenkompott und Kalbsnüßchen mit speckgefüllten Artischocken nur so wimmelt.
Über die D 113 gelangt man dann nach **Buoux**. Die Reste des Forts aus dem 13. Jahrhundert bieten wunderbare Aussicht auf die Umgebung.
In **Lourmarin** (bei der Priorei von Saint-Symphorien die D 943 nehmen) lockt einer der feinschmeckerischen Höhepunkte unser Genießerrundfahrt: Ein Essen bei Reine Sammut, einer von Frankreichs besten Köchinnen, im La Fenière. Aufgetischt wird zeitgemäß verfeinerte, regionale Küche, sozusagen verschlankte provenzalische Spezialitäten von heute. Kleine Feuerwerke für die Zunge wie Parmentier (Kartoffelbrei) mit Kalbsfuß,

In diesem luxuriösen Haus aus dem 17. Jahrhundert verwöhnt Bernard Mathys die Gaumen seiner Gäste.

-bries und Trüffeln, Gelee vom aigo saû (Fischsuppe mit Zwiebeln, Tomaten und Kartoffeln), eine Fenchelpfanne mit gegrilltem Aal und Fleischjus, gegrillte Kalbskeule nach alter Art oder die traditionellen pieds et paquets, eine Hammel- und Lammroulade mit Tomaten, geschmort in Weißwein und Weinbrand, ein Rezept aus dem alten Marseille. Mittags ist das Gourmet-Vergnügen dank einem Menü zu 175 Francs sogar recht erschwinglich.
Wer einen weiteren Umweg nicht scheut, kann sich über die D 973 zum **Château Val Joanis** aufmachen: Ein herrliches provenzalisches Weingut mit sorgfältig ge-

Confiserie Saint-Denis - André Rastouil
Gargas bei Apt

TIPS & INFOS

Ausführliche Informationen finden Sie auf Seite 111

ROUSSILLON

Einwohner: 1165
Höhe: 360 m ü. d. M.
Postleitzahl: 84220

Informationen

Office de Tourisme
Place de la poste
Tel. 04 90 05 60 25

ÜBERNACHTEN

Mas de Garrigon
Route de St.-Saturnin-d'Apt
Tel. 04 90 05 63 22
Fax 04 90 05 70 01

ESSEN

Mas de Garrigon
Route de St.-Saturnin-d'Apt
Tel. 04 90 05 63 22
Fax 04 90 05 70 01
Montag und Dienstag geschlossen, im Winter Mittwoch

TIPS & INFOS

Ausführliche Informationen finden Sie auf Seite 103f.

LOURMARIN

Einwohner: 1108
Höhe: 224 m ü. d. M.
Postleitzahl: 84160

Informationen

Office de Tourisme
9, Avenue Ph.-de-Girard
Tel. 04 90 68 10 77

ÜBERNACHTEN

Unsere Adreßempfehlungen finden Sie auf Seite 103.

ESSEN

Unsere Adreßempfehlungen finden Sie auf Seite 103f.

FAHRRADVERLEIH

Freestyle VTT
Place Castellas
Tel. 04 90 68 10 31

pflegtem Garten. Jean-Louis-Chancel hat hier mit großem finanziellem Aufwand seinen Traum vom Weinmachen verwirklicht. Rot-, Weiß- und Roséweine entstehen aus den typischen Rebsorten der Region wie Ugni, Clairette, Bourboulenc, Grenache, Syrah Mourvèdre... Als kulinarisches Souvenir empfiehlt sich der Château Val Joanis Cuvée Les Griottes – oder der hausgemachte Estragonessig.
Über die D 973 geht es, immer dem Lauf der Durance entlang, zurück nach Cavaillon.

Blick von der Place de Castrum in Roussillon in das Lubéron.

Trüffel: Das schwarze Gold

»Laßt uns auf die Trüffel trinken«, fordert der große Gastrosoph Brillat-Savarin in der »Physiologie des Geschmacks« seine Leser auf. In der Provence kommen sie aus der Gegend von Tricastin. Die schwarzen Diamanten aus Südfrankreich sind zwar in Feinschmeckerkreisen nicht ganz so begehrt wie ihre »Artgenossen« aus dem Périgord, werden aber trotzdem zwischen Ende November und Ende Februar auf dem Freitagsmarkt von Carpentras an der Place Aristide Briand zu Höchstpreisen gehandelt. Leicht steigen die Preise für die schwarzen Knollen, die im Mittelalter noch als Unglücksbringer galten, auf 2000 bis 3000 Francs pro Kilo. Feinschmecker der Region wissen außerdem, daß fast 80% der Périgord-Trüffeln in Wahrheit aus der Provence stammen. Die Exemplare der Gattung »tuber melanosporum« fühlen sich unter Eichenbäumen am wohlsten und werden heute nicht mehr mit Hilfe von Schweinen, sondern von Hunden gesucht. Der Grund: Wenn der »Trüffeljäger« nicht schnell genug eingreift, hat das Schwein die halbe Knolle bereits unmittelbar nach dem Suchen verschlungen. Ein guter Trüffelhund gibt sich hingegen mit einem Zipfel Wurst zufrieden ... Andererseits: Das Schwein gilt unter Trüffelexperten als »motivierter« bei der Suche.
Experten kaufen die schwarzen Diamanten nur im Januar und Februar – in der Zeit davor sind sie zwar billiger, aber schmeckbar schlechter. Natürlich muß die teure Ware frisch sein, Konserven sind ihr Geld nicht wert. Für den echten Trüffelgenuß haben die Provenzalen ihr eigenes Rezept: Keinesfalls soll man sie wie Schokolade raspeln. Statt dessen nimmt man eine Scheibe Bauernbrot, läßt sie im Ofen (nicht im Toaster) leicht anbräunen, träufelt großzügig Olivenöl der ersten Pressung darüber und belegt sein Brot mit Trüffelscheiben. Das Ganze noch mal eine Minute im Ofen anwärmen (die Trüffel sollen nur warm werden, nicht wirklich garen) und mit ein wenig grobem Salz überstreuen. Ein Hochgenuß!

Provenzalische Trüffel gibt es beispielsweise bei:
Hugon Frères
Le Moulin
83170 Rougiers
Tel. 04 94 80 43 03

TIPS & INFOS

Ausführliche Informationen finden Sie auf Seite 99

CURCURON

Postleitzahl: 84160

Informationen

Office de Tourisme
rue Léonce Brieugne
Tel. 04 90 77 28 37

Unsere Adreßempfehlungen finden Sie auf Seite 99.

TIPS & INFOS

Ausführliche Informationen finden Sie auf Seite 108

PERTUIS

Einwohner: 15 791
Höhe: 246 m ü. d. M.
Postleitzahl: 84120

Informationen

Office de Tourisme
Place Mirabeau
Tel. 04 90 79 15 56
Fax 04 90 09 59 06

WEINGUT

Château Val Joanis
Tel. 04 90 09 69 52

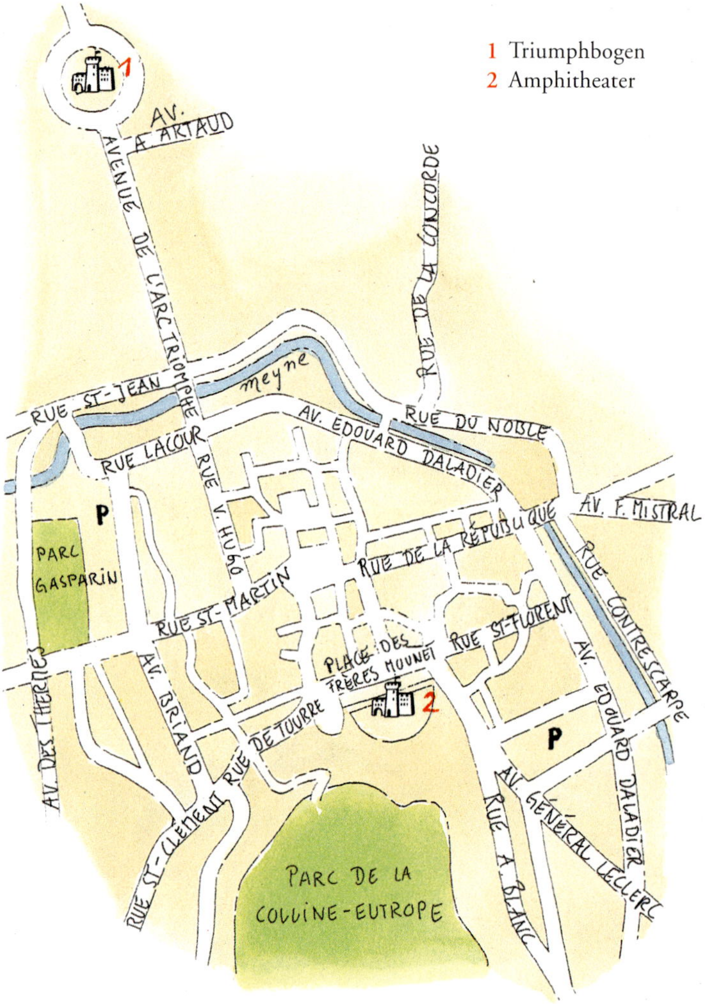

1 Triumphbogen
2 Amphitheater

Orange

Voraussichtliche Dauer des Ausflugs:

1/2 TAG

Abstecher nach:

VON VAISON-LA-ROMAINE NACH GIGONDAS UND BEAUMES DE-VENISE

Das Tor zur Provence

Orange

Fast jeder Besucher, der aus dem Norden in die Provence reist, macht kurz in Orange halt. Sei es, um das weltberühmte Amphitheater und den Triumphbogen zu sehen oder um in einem Straßencafé von den ersten Strahlen südlicher Sonne zu profitieren. Sicher werden Ihnen die vielen Fremdenlegionäre in Uniform auffallen. Sie sind traditionell in Orange stationiert. Vielleicht weil die Stadt außerhalb der Saison hauptsächlich von Soldaten lebt, trifft man in den Straßen von Orange kaum auf überflüssigen Luxus – wobei zum Luxus hier auch bessere Restaurants und Hotels oder einfach nur ein erstklassiger Bäcker oder Metzger zählen.

Das Théâtre Antique (links) mit dem Standbild des Augustus (oben).

Kein Ort für Feinschmecker also, aber einen Besuch des Théâtre Antique der römischen Siedlung Arausio darf man trotzdem nicht auslassen. Das Theater gilt als besterhaltenes des gesamten römischen Imperiums und wurde Anfang des ersten Jahrhunderts gebaut, die römischen Architekten nutzten dabei die natürliche Neigung der Colline Saint-Eutrope, um die Zuschauerränge abzustützen. Acht- bis neuntausend Menschen finden auf den Rängen Platz und erfreuten sich zu rö-

TIPS & INFOS

Ausführliche Informationen finden Sie auf Seite 107

ORANGE

Einwohner: 29 964
Höhe: 46 m ü. d. M.
Postleitzahl: 84100

Informationen

Office de Tourisme
5, Cours Aristide Briand
Tel. 04 90 34 70 88
Fax 04 90 34 99 62

ÜBERNACHTEN

Arène
Place de Langes
Tel. 04 90 34 10 95
Fax 04 90 34 91 62

Le Mas des Aigras
Ortsteil Russamp Est
Chemin des Aigras
Tel. 04 90 34 81 01
Fax 04 90 34 05 66

Le Manoir
Mornas bei Orange
Tel. 04 90 37 00 79

mischer Zeit an Akrobaten, Musikern, Tänzerinnen und Schauspielensembles. Die Sitzordnung richtete sich nach dem Rang in der Gesellschaft: Im unteren Drittel durften Adlige und Priester Platz nehmen, dem Volk war das zweite Drittel vorbehalten. »Außenseitern« wie Bettlern oder Prostituierten ließ man das oberste Drittel.

Nach einem Brand im 4./5. Jahrhundert wurde das Theater nicht mehr genutzt. Einige Bürger richteten gar ihre Wohnungen in den historischen Mauern ein, bevor im 19. Jahrhundert der Architekt Caristie damit begann, den Originalzustand des Theaters wiederherzustellen.

Glücklicherweise wird das antike Theater nicht nur wie ein Museumsstück gehütet: Jeden Juli, zur Zeit der Chorégies d'Orange, finden hier Konzerte statt – die Akustik gilt als ausgezeichnet.

Markt in Orange.

Von Vaison-la-Romaine nach Gigondas und Beaumes-de-Venise

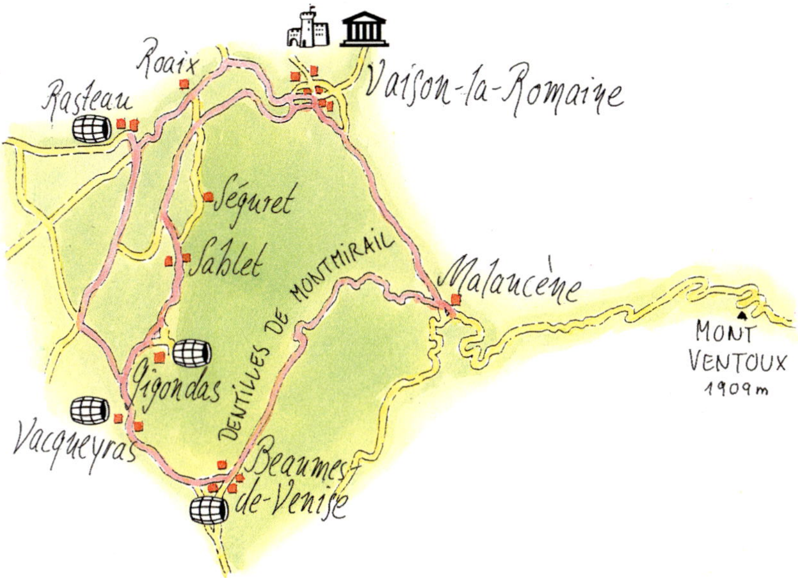

Die römischen Ausgrabungen haben Vaison-la-Romaine nicht nur seinen Namen gegeben, sondern den Ort auch in ganz Frankreich bekannt gemacht: 15 Hektar Ausgrabungsgelände liegen im nördlichen Teil des Ortes, verteilt auf die beiden Fundstellen Quartier de la Villasse und Quartier de Puymin. Auf dem Gelände des Puymin zeigt außerdem das Archäologische Museum die interessantesten Funde: Statuen, Geld, Keramik, Mosaiken. Berühmt ist auch das Amphitheater aus dem ersten Jahrhundert, das etwas oberhalb des Museums liegt. Rund 10 000 Menschen sollen im römischen Vaison gelebt haben. Die Stadt erstreckte sich damals über rund 70 Hektar. Daß die römischen Baumeister etwas von ihrem Handwerk verstanden, zeigt sich schon an der Tatsache, daß die antiken Bauten die Überschwemmungskatastrophen der

Länge:
50 KM

Voraussichtliche Dauer des Ausflugs:

Auto: 2 STD.

Fahrrad: 3–4 STD.

TIPS & INFOS
Ausführliche Informationen finden Sie auf Seite 114

VAISON-LA-ROMAINE

Einwohner: 5663
Höhe: 193 m ü. d. M.
Postleitzahl: 84110

Informationen
Office de Tourisme
Place Chanoine Sautel
Tel. 04 90 36 02 11
Fax 04 90 28 76 04

Museum
Musée archéologique Théo Desplans
Tel. 04 90 36 02 11
Öffnungszeiten: variabel

ÜBERNACHTEN
Hostellerie Le Beffroi
Rue de l'Evêché
Tel. 04 90 36 04 71
Fax 04 90 36 24 78

TIPS & INFOS
Ausführliche Informationen finden Sie auf Seite 93

BEAUMES-DE-VENISE

Einwohner: 1784
Höhe: 100 m ü. d. M.
Postleitzahl: 84190

Informationen
Cours Jean-Jaurès
Tel. 04 90 62 94 39

jüngsten Vergangenheit fast unbeschadet überstanden haben, während die neueren Bauwerke durch die Wassermassen zu weiten Teilen zerstört wurden.
Wir verlassen Vaison-la-Romaine nach Süden über die D 938 Richtung Carpentras/Mont Ventoux. Bei Malaucène biegen wir Richtung Suzette rechts ab auf die D 90.
Wer geradeaus, über die D 974 weiterfährt, kommt direkt zum Mont Ventoux, dem höchsten Berg der Provence. Mit

Vaison-la-Romaine mit Mont Ventoux.

1909 Metern ist er zwar kein Bergriese, trotzdem ist der kahle, windumtoste Gipfel (Mont Ventoux heißt soviel wie »windiger Berg« ein majestätischer Anblick. Von Dezember bis Ende März kann man hier sogar Ski fahren.
Zur Rechten der Straße erheben sich die Dentelles de Montmirail. Die schroffen, hoch aufragenden weißen Felsen über den grünen Pinienwäldern sind ein majestätischer Anblick.
Beaumes-de-Venise ist weltberühmt für seinen süßen Muscat, der in vielen erstklassigen Restaurants zum Desserts gereicht wird. Rund 110 Gramm Zucker pro Liter Most müssen diese Weine »auf die Waage bringen«. Wir empfehlen eine Kostprobe in der Domaine de Coyeux (etwa vier Kilometer vor Beaumes, der Weg ist ausgeschildert). Der Duft nach Aprikosen, kandierten Früchten, Pfirsichen oder Honig steigt einem in die Nase, noch bevor man hier den ersten Schluck nimmt.
Weiter geht es rechts Richtung Vacqueyras. Wenn man das Weinbaudorf (Appellation Côtes du Rhône) verläßt, kann man sich für zwei verschiedene Wege entscheiden.

Entweder man hält sich rechts und fährt über die D 23 nach Gigondas. Seit dem 14. Jahrhundert wird hier intensiv Weinbau betrieben, und der Ort verfügt über seine eigene Appellation. Kosten Sie z.B. den roten Gigondas der Domaine les Goubert, ausgebaut in neuen Eichenholzfässern. Oder versuchen Sie den Château Raspail – die Gründerfamilie Raspail hat über mehrere Jahrhunderte hinweg den Weinbau in dieser Region beeinflußt.
Über Sablet und Séguret ist man anschließend schnell wieder in Vaison-la-Romaine.
Der alternative Rückweg nach Vaison-la-Romaine führt von Beaumes-de-Venise weiter auf der D 8 und später rechts über D 977 und D 69 nach Rasteau, ein Dorf, das ebenfalls für seine Süßweine berühmt ist. Der »Rasteau von doux naturel« der hiesigen Winzergenossenschaft Cave des Vignerons de Rasteau (links am Ortseingang von der D 975 aus gesehen) mit seinen Aromen und Pflaumen ist nicht nur ein schönes, sondern auch ein günstiges Souvenir. Aber auch die Winzer der Umgebung haben Gutes zu bieten … An der Route de Vaison gibt es außerdem ein kleines Winzermuseum, Musée Père Anselme, mit allerlei Utensilien zu Rebschnitt und Weinbereitung. In seiner Vinothek lagern 2000 Flaschen Châteauneuf-du-Pape.
Über Roaix und die D 975 kommt man zurück nach Vaison-la-Romaine.

Auf dem Weg nach Beaumes-de-Venise: die Dentelles de Montmirail.

EINKAUFEN

Coopérative La Balméene
Avenue Jules Ferry

WEINGUT

Domaine de Fenouillet
Tel. 04 90 62 95 61
Fax 04 90 62 90 67

Domaine de Coyeux
Tel. 04 90 62 97 96
Fax 04 90 65 01 87
Sprachen: Englisch, Spanisch

TIPS & INFOS

Ausführliche Informationen finden Sie auf Seite 100

GIGONDAS

Einwohner: 612
Höhe: 313 m ü. d. M.
Postleitzahl: 84190

Informationen

Office de Tourisme
Place du Portail
Tel. 04 90 65 85 46
Fax 04 90 65 88 42

WEINGUT

Unsere Adreßempfehlungenfinden Sie auf Seite 100.

Oliven und Olivenöl

Auf jedem provenzalischen Markt bekommt man sie zu sehen: dunkel glänzende Berge aus Oliven, hier und da verziert mit einem Ölzweig. Die Olive, Symbol von Frieden und Eintracht, ist eines der »Wahrzeichen« provenzalischer Küche. Man findet sie als Beilage zu Fisch und Fleisch, in der Tapenade und im Aioli, und so gut wie jedem Nahrungsmittel, das man in eine Pfanne legen kann, wird in ihrem Öl gebraten. Phönizische Seefahrer sollen die Bäume nach Marseille gebracht haben. Die Gründe waren vermutlich eher praktischer Art: Olivenbäume sind recht anspruchslos, sie wachsen auch auf trockenem oder sehr kalkhaltigem Boden, brauchen zum Überleben eigentlich nur milde Temperaturen (gegen harte Winterfröste und Schnee sind sie allerdings allergisch) und können zweihundert Jahre Früchte tragen. Etwas Pflege ist für eine gute Ernte trotzdem erforderlich.

Grüne Oliven sind ganz einfach unreife Exemplare und werden mit der Zeit schwarz, freilich sind einige Sorten wie die »pitchouline« im grünen Zustand schmackhafter als nach vollständiger Reifung. So verführerisch sie auch in der Sonne schimmern, man sollte Oliven niemals frisch vom Baum essen. Um bekömmlich zu werden, müssen sie zuerst in Lake eingelegt werden.

Als beste provenzalische Oliven gelten die »olives de Nyons« – sie verfügen, genau wie bessere französische Weine, über die Auszeichung AOC (Appellation d'origine controlée – kontrollierte Erzeugerabfüllung).

Vier bis fünf Kilo schwarze Oliven benötigt man für einen Liter Olivenöl. Sie werden gewaschen, zermahlen und gepreßt, anschließend wird das Öl durch eine Zentrifuge vom Wasser getrennt.

Täglicher Genuß von Olivenöl gilt vielen Provenzalen als Allheilmittel und Gewähr für langes Leben: »Quiconque mange des olives/chaque jour de chaque saison/ vit aussi vieux que les solives/ de la plus solide maison«, sangen früher die Olivenhändler. (Wer täglich Oliven ißt, lebt so lange wie die Deckenbalken des solidesten Hauses.)

Nicht umsonst wies Jeanne Calment aus Arles, der älteste Mensch der Welt, 1995 anläßlich ihres 120. Geburtstages die versammelte französische Presse darauf hin, sie hätte niemals mit etwas anderem gekocht. Forschungen belegen einen positiven Effekt des Öls auf Herz- und Gefäßkrankheiten. Im Falle von Madame Calment werden freilich noch andere Versionen diskutiert: Selbsternannte Experten führen ihr langes Leben wechselweise auch auf das gute provenzalische Klima oder den regelmäßigen Genuß von Schokolade zurück – oder auf die Tatsache, daß die alte Dame bis zum 110. Lebensjahr allein lebte.

Olivenöl aus Nyons gibt es in der Ölmühle aus dem Jahr 1750:
Moulin à Huile Dozol
Le Pont Roman
26110 Nyons
Tel. 04 75 26 02 52

Oliven, Oliven, Oliven …

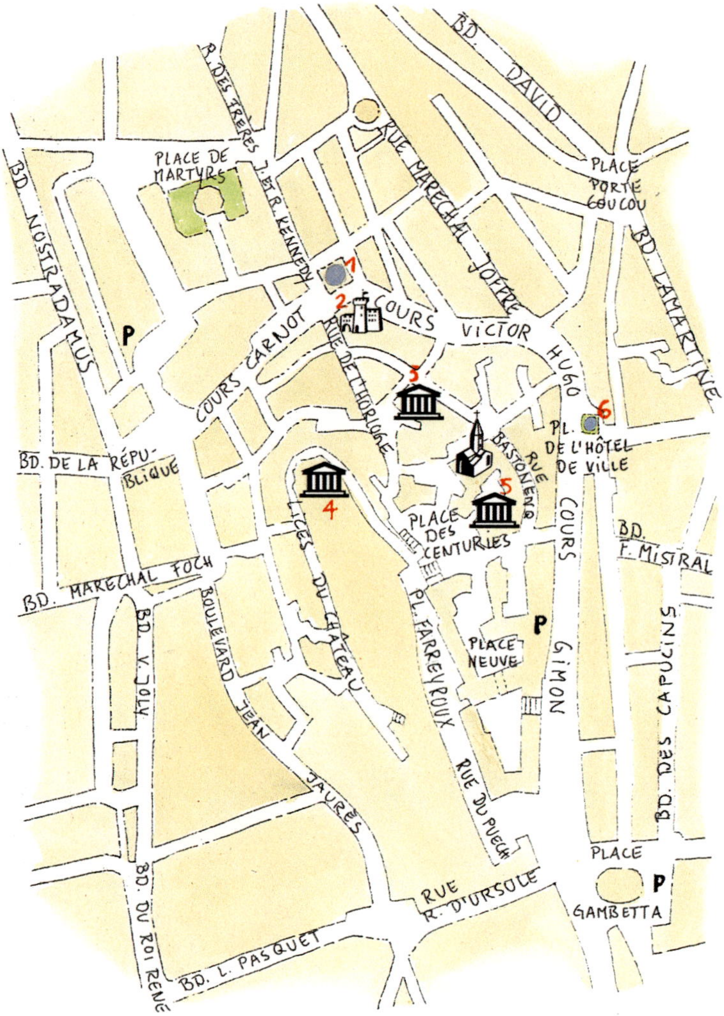

Voraussichtliche Dauer des Ausflugs:

1/2 TAG

1 Grande Fontaine (Fontaine Moussue)
2 Porte de l'Horloge
3 Musée Nostradamus
4 Château et Musée de l'Emperi
5 Musée Grevin de Provence
6 Fontaine A. Craponne

Salon-de-Provence

Salons Fassade täuscht: Wer über den Cours Victor Hugo in die Stadt kommt, ist zunächst fast überwältigt von der Schönheit der Stadt, möchte am liebsten sofort in das Straßencafé an der über und über mit Moos bewachsenen Grande Fontaine eintreten oder die Straßen hinter der altehrwürdigen Stadtmauer erkunden. Doch leider ist das historische Zentrum der Stadt nicht sonderlich gut erhalten. An vielen Stellen stören unansehnliche Betonfassaden das gewachsene Straßenbild.

Am besten, man betritt die Altstadt durch die prächtige Porte de l'Horloge, das Nordtor der alten Stadtmauer, direkt gegenüber dem Brunnen. In der zweiten Straße links, auf der rechten Seite, steht das Haus des Nostradamus. Der Seher aus Salon hat hier die letzten Jahre sei-

TIPS & INFOS

Ausführliche Informationen finden Sie auf Seite 113

SALON-DE-PROVENCE

Einwohner: 34 054
Höhe: 82 m ü. d. M.
Postleitzahl: 13300

Informationen

Office de Tourisme
56, cours Gimon
Tel. 04 90 56 27 60
Fax 04 90 56 77 09

Seit Generationen fließt das Wasser aus der Grande Fontaine.

Museen

Château et Musée de l'Empéri
Tel. 04 90 56 22 36
Öffnungszeiten: 10–12 Uhr, 14–18 Uhr, Dienstag geschlossen

Musée Grevin de Provence
Place des Centuries
Tel. 04 90 56 36 30
Öffnungszeiten: Sept. – Mai 9.30–12 Uhr, 14–18 Uhr, Juni – Aug. 10–12 Uhr, 14–19 Uhr

Vor dem Hôtel de Ville: Fontaine A. Graponne (rechts), Porte d'Horloge (unten).

nes Lebens verbracht. Südlich der Kirche Saint-Michel führt eine Treppe rechts zum Château et Musée de l'Empéri: Die Residenz der Erzbischöfe von Arles geht im wesentlichen auf die Burganlage des 11. Jahrhunderts zurück, wurde aber bis ins 19. Jahrhundert hinein immer wieder stark verändert. Das Museum präsentiert anhand von Uniformen, Fahnen und Waffen die Geschichte der französischen Armee.

Stadtgeschichte ganz anderer Art erlebt man im Musée Grevin de Provence an der Place des Centuries gegenüber dem Château. In dem Ableger des Pariser Wachsfigurenmuseums wird die Geschichte der Region in 18 Szenen nacherzählt. Dazu gesellen sich berühmte Landeskinder aus Geschichte, Legende und Gegenwart – von Nostradamus bis Mireille Mathieu.

Besonders schön ist es, nach einem Besuch der Altstadt von Salon die umwerfende Aussicht von der Terrasse des Hotels Abbaye de Sainte-Croix zu genießen.

Nostradamus

Der junge Löwe wird den alten besiegen…« Mit diesen Worten begann der große Aufstieg des Astrologen Michel Nostradamus. Als am 30 Juni 1559 König Heinrich II. vom jungen Graf von Montgomery im Duell tödlich verwundet wurde, sahen viele die vier Jahre zuvor niedergeschriebene Prophezeiung bestätigt. Der Mann aus Salon-de-Provence wurde zu einer nationalen Berühmtheit: Der Herzog von Savoyen suchte bei ihm Rat, und der Tod Franz II. im Jahr 1560 schien seine Seherkraft zu bestätigen. Im Jahr 1564 kamen Katharina von Medici (die Nostradamus bereits zuvor mehrfach in Paris beraten hatte) und ihr Sohn Karl IX. nach Salon. Bei der Begrüßungsfeier der örtlichen Honoratioren soll der König gesagt haben: »Ich bin in die Provence gekommen, nur um Nostradamus zu sehen.« Während der Audienz am folgenden Tage sagte Nostradamus voraus, der junge Heinrich von Navarra werde eines Tages über Frankreich herrschen. Der König belohnte ihn mit dreihundert Ecu in Gold und einem Posten als königlicher Hofastrologe. Von einem Tag auf den anderen war Nostradamus auch bei den Bürgern von Salon, die ihn zuvor der Hexerei verdächtigten, wohl angesehen: Bis zu seinem Tod 1566 verneigten sie sich auf der Straße vor ihm und schlossen ihn in die öffentlichen Gebete ein.

Nostradamus' Schriften sind über die Jahrhunderte erhalten geblieben – auch heute noch erscheinen fast jedes Jahr neue Bücher, die sich mit der Deutung seiner Verse beschäftigen. Nostradamus-Anhänger meinen, der Astrologe hätte seinen eigenen Tod, die Exekution Karls I. von England, den großen Brand von London im Jahr 1666, die Französische Revolution mit der Hinrichtung Ludwig XVI. und die Diktatur Hitlers vorausgesagt. Seine Gegner hingegen führen an, daß sich im nachhinein für jeden der sibyllinischen Verse leicht eine passende Deutung finden lasse, und wollen dem Herrn aus Salon höchstens Ruhm ganz anderer Art belassen: Einer Volkssage nach soll Nostradamus die Konfitüre in der Provence eingeführt haben.

ÜBERNACHTEN

Le Mas du Soleil
38, chemin Saint-Côme
Tel. 04 90 56 06 53
Fax 04 90 56 21 52

Abbaye de Sainte Croix
Val de Cuesh
Tel. 04 90 56 24 55

ESSEN

Abbaye de Sainte Croix
Val de Cuesh
Tel. 04 90 56 24 55
Montagmittag geschlossen

Tips & Infos
Ausführlicher Adreßteil

Hotels, Restaurants, Auberges, Weingüter, Bistros, Cafés, Läden, Werkstätten, von Arcigola Slow Food ausgewählt

Essen und Trinken

Auberge du Soleil	Restaurant mit guter Küche
Auberge du Soleil*	Restaurant mit bemerkenswert guter Küche
Auberge du Soleil**	Restaurant mit ausgezeichneter Küche, nicht versäumen

Restaurant, das uns besonders gut gefällt aufgrund seines gemütlichen Ambientes, der traditionellen Küche und der unverfälschten Gastfreundschaft

Weil sich Preise erfahrungsgemäß sehr schnell verändern, haben wir in diesem Buch auf genaue Angaben verzichtet. Die Restaurants sind zu Ihrer Orientierung lediglich in drei Kategorien eingeteilt: untere Preisklasse (Menü unter 170 Francs), mittlere Preisklasse (Menü zwischen 170 und 300 Francs) und obere Preisklasse (Menü über 300 Francs). Bei Spitzenrestaurants müssen Sie mit weit mehr als der doppelten Summe rechnen.

Die Equipe aus »La Petite France« in Maussane-les-Alpilles.

AIX-EN-PROVENCE

MUSEEN

Musée Granet
Place Saint-Jean-de-Malte
Tel. 04 42 38 14 70
Öffnungszeiten:
10–12 Uhr, 14–18 Uhr,
Dienstag geschlossen

Museum d'Histoire Naturelle
6, rue Espariat
Tel. 04 42 26 23 67
Öffnungszeiten: Mo–Sa
10–12 Uhr, 14–18 Uhr,
So 14–18 Uhr

Musée du Vieil Aix
17, rue Gaston-de-Saporta
Tel. 04 42 21 43 55
Öffnungszeiten: April – Sept.
10–12 Uhr, 14.30–18 Uhr,
Nov.–März 10–12 Uhr,
14–17 Uhr, Montag und
Oktober geschlossen

Musée Paul-Arbaud
2a, rue du Quatre-Septembre
Tel. 04 42 38 38 95
Öffnungszeiten: 14–17 Uhr,
Sonntag und Feiertag,
Mitte Sept. – Mitte Okt.
geschlossen

Musée des Tapisseries
Place de l'Ancien-Archevêché
Tel. 04 42 23 09 91
Öffnungszeiten: 10–12 Uhr,
14–17.45 Uhr, Dienstag und
Anfang Januar geschlossen

Fondation Vasarely
av. Marcel Pagnol –
Jas de Bouffan
Tel. 04 90 20 01 09

ÜBERNACHTEN

Hôtel des Augustins
3, rue de la Masse
Tel. 04 42 27 28 59
Fax 04 42 26 74 87
29 Zimmer
Preise: 500–1200 Francs
Kreditkarten: AE, DC, EC, Visa

Charmantes Haus im Zentrum von Aix. Kleiner Garten. Die Zimmer fallen recht ungleich aus.

La Caravelle
29–31, boulevard du Roi-René
Tel. 04 42 21 53 05
Fax 04 42 96 55 46
32 Zimmer
Preise: 190–420 Francs
Kreditkarten: AE, DC, EC, Visa

Etwas außerhalb des Zentrums, dafür aber sehr günstig. Die besten Zimmer liegen zur Hofseite.

Le Mas des Ecureuils
Ortsteil Valcros
Chemin de Castel-Blanc
Tel. 04 42 24 40 48
Fax 04 42 39 24 57
19 Zimmer
Preise: 380–760 Francs
Kreditkarten: AE, DC, EC, Visa

Komfortabel ausgestattetes Mas am Stadtrand. Sauna und Schwimmbad. Zimmer im provenzalischen Stil.

Château de la Pioline
Ortsteil Pioline
Les Milles bei Aix-en-Provence
Tel. 04 42 20 07 81
Fax 04 42 59 96 12
18 Zimmer und 3 Appartements
Preise: 850–1300 Francs
AE, EC, Visa

Eine der schönsten Adressen der Stadt: Ein Schloß aus dem 16. und 17. Jahrhundert, mitten im Grünen und mit allem Komfort. Gute Küche im Restaurant.

Grand Hôtel Nègre Coste
33, cours Mirabeau
Tel. 04 42 27 74 22
Fax 04 42 26 80 93
37 Zimmer
Preise: 350–650 Francs
Kreditkarten: AE, DC, EC, Visa

Hôtel aus dem 18. Jahrhundert in bester Zentrumslage. Sehr nostalgisch und romantisch.

Villa Gallici
Avenue de la Violette
Tel. 04 42 23 29 23
Fax 04 42 96 30 45
19 Zimmer und Suiten
Preise: 850–1750 Francs
Kreditkarten: AE, DC, EC, Visa

Intimes Luxushotel außerhalb der Innenstadt. Charmant und komfortabel. In direkter Nachbarschaft befindet sich das Restaurant »Clos de la Violette«.

ESSEN

Le Clos de la Violette **
10, rue de la Violette
Tel. 04 42 23 30 71
Sonntag und Montagmittag geschlossen
Keine Betriebsferien
Obere Preiskategorie
Kreditkarten: AE, EC, Visa

Die beste Adresse der Stadt versteckt sich nördlich des Straßenlabyrinths um den Cours Mirabeau. Küchenchef Jean-Marc Banzo hält es mit der modernen provenzalischen Küche: Sein Sardinenkuchen mit Stockfischpüree, der mit Lorbeer pochierte Seewolf und die gefüllten Lammfüße sind innovative Variationen traditioneller Gerichte. Günstiges Mittagsmenü.

Chez Maxime
12, place Ramus
Tel. 04 42 26 28 51
Fax 04 42 26 74 70
Sonntag und Montagmittag geschlossen
Betriebsferien:
15. – 31. Januar
Untere bis mittlere Preiskategorie
Kreditkarten: EC, Visa

Patron Felix setzt auf simple Genüsse: Salat von gebratenen Lammzungen mit Honigessig, Roulade von Lammfüßen, Tintenfischpfanne mit Rouille-Mayonnaise, lobenswert schon wegen der wirklich günstigen Preise. Für Fleischliebhaber kommt Maxime gleich unterhalb des siebten Himmels: Der Patron zerteilt und grillt Stücke von Rind und Lamm direkt vor den Augen der Gäste, dazu gibt es Gemüse der Saison. Große Portionen Rindersteak mit Knochenmark, gegrilltes Roastbeef mit Kräutern der Provence oder gegrillte Lammschulter mit Bohnenkraut sind dann auch eher etwas für den klassischen Gourmand als für den feinzüngigen Gourmet. Große Weinkarte.

EINKAUFEN

Märkte

Le Marché de la Place Richelme
Jeden Vormittag vor der Post

Typisch provenzalischer Markt mit dem besten der regionalen Obstgärten.

Le Marché de la Place des Prêcheurs
Dienstag-, Donnerstag- und Samstagmorgen zwischen Palais de Justice und Kirche Sainte-Madeleine

Gemüse, Salate und viele, viele Oliven. Teilweise auch Biowaren.

Fleisch und Wurstwaren

Serge Bianco
18, rue Matheron

Erstklassige hausgemachte Spezialitäten wie Knochenschinken, Pasteten etc. Auch regionale Leckereien.

Bäcker

Le Gibassié
46, rue Espariat

Regionale Gebäckspezialitäten.

Süßwaren

Richart
8, rue Thiers

Erstklassige Schokoladen der Lyonnaiser Richart-Brüder, extravagant im Design.

Brémond
2, rue Cardinal

Bei Brémond bekommen Sie noch heute garantiert frische und vorzügliche Calissons.

Les Calissons du Roy René
7, rue Papassaudi

Calissons, wie sie seit Generationen in der Provence produziert werden!

Gemischtwaren

Jacquèmes
9, rue Méjanes

Edles aus aller Welt: Trüffel, Räucherlachs, Kaviar, Whisky, Wein, Basmati-Reis.

Wein

Bacchus
27, rue d'Italie

Herrliche Auswahl, nicht nur an guten Tropfen der Region.

Patisserie

Riederer
4 et 6, rue Thiers

Süßes Gebäck und feine Schokoladen von einem Meister seines Fachs.

APT

ÜBERNACHTEN

Relais de Roquefure
Saignon bei Apt
Tel. 04 90 04 88 88
Fax 04 90 74 14 86
15 Zimmer
Preise: 190–350 Francs
Betriebsferien:
2. Jan. – 15. Feb.
Kreditkarten: EC, Visa

In einem kleinen Park gelegenes Mittelklassehotel. Gutes Preis-Leistungsverhältnis.

ESSEN

Bernard Mathys *
Le Chêne bei Apt
Tel. 04 90 04 84 64
Dienstag und Mittwoch geschlossen
Mittlere bis obere Preiskategorie
Kreditkarten: AE, EC, Visa

Das »Le Chêne«, drei Kilometer vor Apt, ist ein »Lieu-dit«, ein Ort mit einem traditionellen, aber nicht offiziellen Namen. Hier kocht in einem recht luxuriösen Haus aus dem 17. Jahrhundert Patron Bernard Mathys, der früher die Gaumen der Pariser entzückte. Seine Klassiker wie Rotbarbenfilets in Sepiaragout, getrüffelte Stopfleber mit Knoblauch oder Lammnüßchen mit Wacholder machten ihn zum besten Koch der Stadt. Ein Ruf, den er jeden Mittag und Abend erfolgreich verteidigt. Ebenfalls sehenswert: Garten und Terrasse.

Auberge du Presbytère
Place de la Fontaine
Saignon bei Apt
Tel. 04 90 74 11 50
Mittwoch geschlossen
Betriebsferien:
15. – 30. Nov., Januar
Untere Preiskategorie
Kreditkarten: AE, EC, Visa

Simples für wenig Geld: Salat mit warmem Ziegenkäse, geschmorte Lammkeule, gestürzter Kuchen mit Früchten der Saison, serviert in einer einfachen Auberge im Lubéron.

EINKAUFEN

Markt

Marché provençal
Jeden Samstagvormittag zwischen Cathédrale und Place de Bouquerie

Der ganze Reichtum der Region: Geflügel, Käse, Brot, Früchte und vieles mehr.

Käse

La Fromagerie – Daniel et Béatrice Enksezian
10, rue de la Sous-préfecture

Schönes Sortiment an hausgereiftem Ziegen- und Schafskäse. Bei Enksézian setzt man wirklich noch auf Tradition. Die Lieferanten sind meist kleine Bauern aus dem Hinterland, die ihre Rohkäse diesem Affineur anvertrauen.

Süßwaren

Au Pierrot Blanc
36, rue des Marchands

Feiner Mandelkuchen.

André Rastouil – Confiserie Saint-Denis
Gargas bei Apt

Die bekannten Fruits confits d'Apt sind ein kleiner Sonnenstrahl an kalten Wintertagen.

Wein

La Cave du Septier
15, Place du Septier

Das Beste aus Frankreichs Weinkellern auf 80 Quadratmetern. Neben 600 Gewächsen aus Bordeaux und Burgund auch schönes Angebot an regionalen Weinen aus der Provence und dem Lubéron.

Gemischtwaren

Epicerie du Lubéron
8, rue René-Cassin

Einige Spezialitäten der Region, dazu Leckereien aus Pariser Feinkosthäusern. Weil die Patronne aus dem Elsaß stammt, gibt es auch Guglhupf und Sauerkraut.

ARLES

ÜBERNACHTEN

Hôtel d'Arlatan
26, rue du Sauvage
Tel. 04 90 93 56 66
Fax 04 90 49 68 45
40 Zimmer
Preise: 450–700 Francs

Altes Herrenhaus mit Vergangenheit. Sehr charmant.

Jules-César
9, Boulevard des Lices
Tel. 04 90 93 43 20
Fax 04 90 93 33 47
55 Zimmer
Preise: 550–1150 Francs
Betriebsferien:
Anfang Nov. – 25. Dez.
Kreditkarten: AE, DC, EC, Visa

Ehemaliges Kloster. Zimmer deshalb leider manchmal klein. Bitten Sie den Inhaber, Ihnen kurz die Kapelle zu zeigen.

Hotel du Musée
11, rue du Grand Prieuré
Tel. 04 90 93 88 88
Fax 04 90 49 98 15
20 Zimmer
Betriebsferien:
Anfang Jan. – Mitte Feb.
Preise: 180–350 Francs
Kreditkarten: die gängigen

Freundliches, kleines Familienhotel mit Innenhof.

Auberge la Fénière
Raphèle-les-Arles
Tel. 04 90 98 47 44
Fax 04 90 98 48 39
25 Zimmer
Betriebsferien: variabel
Preise: 325–675 Francs
Kreditkarten: EC, Visa

Schönes »Relais de Silence« im Grünen mit rustikalen Zimmern.

ESSEN

L'Affenage
4, rue Molière
Tel. 04 90 96 07 67
Immer geöffnet
Betriebsferien: variabel
Untere bis mittlere Preiskategorie
Kreditkarten: EC, Visa

Familiäres Bistro abseits der bevölkerten Zentrumsstraßen. Hinter dem winzigen Garten und der grünen Front werden einige köstliche Spezialitäten der Region aufgetischt: provenzalisches Buffet, Tagliatelle au Pistou (Nudeln mit Pistou), Gambas mit Knoblauch und Daurade provençale schmükken die Karte, ein paar Klassiker aus dem französischen Südwesten, dem Land von Stopfleber, und im eigenen Fett eingelegte Entenstücke runden das Angebot ab. Liebenswert, unkompliziert und günstig!

Le Vaccarès
Place du Forum
(Eingang: rue Favorin)
Tel. 04 90 96 06 17
Fax 04 90 96 24 52
Sonntagabend und Montag geschlossen
Betriebsferien: Januar
Mittlere Preiskategorie
Kreditkarten: die gängigen

Wer ins »Vaccarès« geht, weiß, was er will: Traditionelle Gerichte wie Gemüse mit Sardellenpaste, fritierte Stücke vom Kalmar oder Lamm mit Olivenpaste, angeboten in günstigen Menüs. Das Lokal ist eben ein echter Klassiker »à l'arlesienne«–nicht zuletzt wegen des Terrassenausblicks auf die Place du Forum, einen der typischen, historischen Plätze der Stadt.

Brasserie Nord Pinus
Rue du Palais
Tel. 04 90 93 02 32
Sonntagmittag und Mittwoch geschlossen, außer in der Hochsaison
Mittlere Preiskategorie
Kreditkarten: AE, EC, Visa

Jean-Pierre Charial, der Besitzer der »Oustade Baumanière«, wacht über die Brasserie im Hotel der Stierkämpfer. Rustikale Spezialitäten der Provence.

EINKAUFEN

Markt

Le Marché des Lices
Samstagvormittag auf dem Boulevard des Lices.

Feine Produkte der Region, ein original provenzalischer Markt.

Fleisch und Wurst

Pierre Milhau
11, rue Réattu

Saucisson d'Arles, eine Trokkenwurst aus Ochsen- und Schweinefleisch mit Kräutern der Provence, ist die wichtigste Spezialität dieser gepflegten Metzgerei im Zentrum.

Obst

Wanco
10, rue des Porcelets
10, rue de l'Hôtel-de-Ville

Gesundes Grünes aus der Provence.

AUBAGNE

32 km von
Aix-en-Provence

EINKAUFEN

Kunsthandwerk

Maison Sicard
2, boulevard Emile-Combes

Hier werden Santons, die geschnitzten Krippenfiguren der Provence, hergestellt.

Poterie Ravel
Avenue des Goums

Töpferarbeiten nach alter Tradition

AVIGNON

ÜBERNACHTEN

Cloître Saint-Louis
20, rue du Portail Boquier
Tel. 04 90 27 55 55
Fax 04 90 82 24 01
80 Zimmer
Preis: 450–1090 Francs
Kreditkarten: die gängigen

Sehr puristisches Designhotel in einem ehemaligen Kloster.

Hotel de Garlande
20, rue Galante
Tel. 04 90 85 08 85
Fax 04 90 27 16 58
12 Zimmer

Preise: 250–430 Francs
Kreditkarten: die gängigen

Günstiges Haus im Zentrum, angemessener Komfort.

Hotel Médiéval
15, rue Petite Saunerie
Tel. 04 90 86 11 06
Fax 04 90 82 08 64
35 Zimmer
Preise: 220–300 Francs
Kreditkarten: EC, Visa

Hinter dem Papstpalast, in einem Haus aus dem 17. Jahrhundert.

Hotel de la Mirande
4, place de l' Amirande
Tel. 04 90 85 93 93
Fax 04 90 86 26 85
20 Zimmer
Preise: 1400–2800 Francs
Kreditkarten: die gängigen

Herrliches, in jeder Hinsicht imponierendes Luxushotel: feinste Stoffe, edelstes Mobiliar – ein echtes Schmuckstück.

Hostellerie les Agassins
»Le pigeonnier«
52, avenue Charles de Gaulle
Le Pontet-Avignon
Tel. 04 90 32 42 91
Fax 04 90 32 08 29
30 Zimmer
Betriebsferien: Januar
Preise: 450–850 Francs
Kreditkarten: die gängigen

Landhotel mit Garten nahe der Stadt. Parkplatz und Schwimmbad.

Les Frênes
645, avenue les Vertes Rives
Ortsteil Montfavet
Tel. 04 90 31 17 93
Fax 04 90 23 95 03
20 Zimmer
Betriebsferien:
Ende Okt. – Ende März
Preise: 595–1600 Francs
Kreditkarten: die gängigen

Luxus in familiärem Ambiente.

ESSEN

Christian Etienne ★★
10, rue de Mons
Tel. 04 90 86 16 50
Fax 04 90 86 67 09
Samstagmittag und Sonntag geschlossen
Mittlere bis obere Preiskategorie
Kreditkarten: die gängigen

»Dies hier ist unser Patrimoine – unser Kulturerbe« erläutert Christian Etienne stolz, wenn er die Gäste durch sein Restaurant neben dem Papstpalast von Avignon führt. Mit dem »Kulturerbe« meint er nicht nur den mittelalterlichen Speisesaal mit wappengeschmückter Holzdecke, den er mit viel modernem Design geschmackvoll veredelt hat, sondern auch seine Küche – schließlich gehört Etienne zu den talentiertesten jungen Köchen zwischen Lyon und Marseille. Scheinbar spielend bringt er neue Versionen alter Gerichte auf die Teller, nimmt den traditionellen Pieds et Paquets (in Weißwein geschmort) die Schwere oder läßt mit einer gefüllten und gewürzten, im eigenen Fett eingelegten Kaninchenschulter (Epaule de Lapin Confite aux Herbes Fraîches) seine Gäste in den siebten Geschmackshimmel aufsteigen.

Le Grangousier ★
17, rue Galante
Tel. 04 90 82 96 60
Sonntag und Montagmittag geschlossen
Betriebsferien:
Mitte Aug. – Anfang Sept.
Mittlere Preiskategorie
Kreditkarten: AE, EC, Visa

Hinter der Place de la Horloge mit ihren Cafés, direkt neben einer lärmigen Tapas-Bar liegt diese Schlemmer-Adresse. Inhaber Philippe Buisson hat den Hof eines Hauses aus dem 17. Jahrhundert mit einer Glaskuppel überdacht und so zum originellen Speisesaal verwandelt. Alt und neu wie das Ambiente ist auch die Küche. Monsieur Buisson schöpft aus dem reichen Repertoire der Traditionsgerichte und verwandelt sie in leichte Delikatessen von heute: gefüllte Zucchiniblüten mit Stockfischpüree, mit Paprika, Tomaten, Knoblauch und Zwiebeln gefüllter Kalmar, gegrillte Taube im eigenen Jus.

L'Isle Sonnante ★
7, rue Racine
Tel. 04 90 82 56 01
Sonntag und Montag geschlossen
Betriebsferien:
August und Anfang Feb.
Untere bis mittlere Preiskategorie
Kreditkarten: EC, Visa

In seinem kleinen schlichten Lokal im Schatten der Place de l'Horloge kocht sich Monsieur Gradassi langsam nach oben: Kaninchen in Gelee mit Kaninchenleber in Salbei, Kabeljau »en Barigoule« oder geschmorte Ochsenwange mit Gemüsen sorgen dafür, daß Avignons Genießer hier lange im voraus ihren Tisch bestellen müssen. Gutes Preis-Leistungs-Verhältnis.

Le Jardin des Frênes ★
645, avenue les Vertes Rives
Ortsteil Montfavet
Tel. 04 90 31 17 93
Immer geöffnet
Betriebsferien:
Ende Okt. – Ende März
Obere Preiskategorie
Kreditkarten: die gängigen

Madame Biancone nimmt im Restaurant die Bestellungen entgegen, und die Adoptivtochter kümmert sich ums Frühstück. Früher, als Monsieur noch selber kochte, fragte er seine Gäste noch vor dem Gang zum Markt, wonach sie denn heute Lust verspürten – und füllte während des Festivals von Avignon für Catherine Deneuve und ihre Künstlerfreunde Fasanen und Wachteln mit Foie Gras. Filius Antoine serviert Salat mit marinierten Rotbarben, Seewolf räuchert er, bevor er ihn mit Olivenöl grillt, zum exzellenten Lammfilet gesellt sich Ratatouillejus.

EINKAUFEN

Markt

Les Halles Centrales
Dienstag bis Sonntag
6–13 Uhr zwischen Rue de la Bonneterie und Place Pie

Recht großer Markt mit zahlreichen Anbietern.

Patisserie

Perrier
40, rue Thiers

Süße Leckereien aus einer Patisserie mit fast 70jähriger Geschichte.

Patisserie La Tropézienne
22, rue Saint Agricol

Kuchenspezialitäten der Region und rustikale Brote seit über 60 Jahren. Spezialität des Hauses: Les Olives de Provence und anderes Konfekt. Das Geschäft hat noch die Originaleinrichtung von 1937. Im Jahr 1984 wurde der Familienbetrieb von den Brüdern Sinard übernommen.

Destillerie

Manguin
Ile de la Barthelasse

Fruchtschnäpse und Liköre aus eigener Herstellung.

Fleisch und Wurst

Boucherie Saint-Didier
2, rue des Trois-Faucons

Gute Wurstwaren und erstklassiges Fleisch aus kontrollierter Zucht.

Wein

Crus et Domaines
23, rue Carnot

Bestes aus dem Rhônetal, gutes Sortiment in Sachen Bordeaux und Burgund.

LES BAUX-DE-PROVENCE

ÜBERNACHTEN

Le Mas d'Aigret
Route de Saint-Rémy
Tel. 04 90 54 33 54
16 Zimmer
Betriebsferien: Februar
Preise: 600–950 Francs

Ruhig gelegenes Haus mit Garten und Schwimmbad.

Mas de l'Oulivié
Route d'Arles
Tel. 04 90 54 35 78
20 Zimmer
Betriebsferien:
Anfang Nov – Ende März
Preise: 770–1590 Francs
Kreditkarten: die gängigen

Das charmante Haus bietet einen wunderbaren Blick auf die Umgebung und und ein Schwimmbad inmitten eines blühenden Parks.

Oustaù de Baumanière
Tel. 04 90 54 33 07
20 Zimmer
Betriebsferien:
Mitte Jan. – Anfang März
Preise: 900–2000 Francs
Kreditkarten: die gängigen

Wer die Küche von Jean-André Charial uneingeschränkt genießen möchte, sollte über Nacht in dem Traditionslokal bleiben. Die Zimmer wurden in den vergangenen Jahren sehr einfühlsam renoviert.

La Riboto de Taven
Val d'Enfer
Tel. 04 90 54 34 23
3 Zimmer
Betriebsferien:
Anfang Jan. – Mitte März
Preise: 900–1000 Francs
Kreditkarten: die gängigen

Höhlenmensch für ein Wochenende! Im Riboto sind die Hotelzimmer in den Fels gehauen – Himmelbetten stehen in steinernen Nischen, vom gepflegten Garten aus genießt man die Aussicht auf die Festung von Baux! Spektakulär!

ESSEN

Oustaù de Baumanière ⋆
Tel. 04 90 54 33 07
Mittwoch und Donnerstagmittag geschlossen (in der Saison kein Ruhetag)
Betriebsferien:
Ende Jan. – Anfang März
Obere Preiskategorie
Kreditkarten: die gängigen

Die »Oustaù de Baumanière« war so eine überalterte Institution. Raymond Thuilier, der

97jährige Gründer des Lokals, sperrte sich bis zuletzt gegen jede Neuerung: Die schweren Hechtklößchen von der Speisekarte streichen? Keinesfalls! Geld für die Renovierung von Zimmern ausgeben? Kommt nicht in Frage! Seit dem Ableben des Patriarchen Raymond Thuilier konnte Thuiliers Enkel Jean-André Charial seinen Ambitionen endlich freien Lauf lassen und verpaßte dem Traditionslokal eine Verjüngungskur: Auf der Speisekarte ersetzen mediterrane Aromen die schwere Lyonnaiser Grande Cuisine von einst: Trüffelravioli mit Lauch, Rotbarbenfilets mit Pistousauce, Langustinos mit Gewürzen, Kalbsbries mit Feigenkompott oder gegrillte Ente mit Oliven lassen endlich Sonne in die Baumanière-Küche, das simple Pfännchen von Steinpilzen »à la bordelaise« ist sogar eine unübertreffliche Delikatesse.

La Riboto de Taven
Val d'Enfer
Tel. 04 90 54 34 23
Betriebsferien:
Anfang Jan. – Mitte März
Obere Preiskategorie
Kreditkarten: die gängigen

Die Küche verteidigt seit 1965 ihren Michelin-Stern recht wacker mit Waldpilzravioli, drei verschiedenen Fischen mit Kräutersuppe, Tomaten und Auberginen mit Lammfußroulade oder Steak vom Camargue-Stier.

WEINGUT

Mas Sainte-Berthe
Tel. 04 90 54 39 01

Ein wahrer Medaillenregen ging während der Weinmessen von Paris und Macon 1994 auf die Erzeugnisse des Hauses nieder. Nicht weniger als sechs Auszeichnungen für Rote, Weiße und Rosés. Außer der Spitzencuvée »Louis David« sollte man die Weine aus Sainte-Berthe jung trinken.

LE BEAUCET

34 km von Avignon
35 km von Orange

ESSEN

Auberge du Beaucet
Le Village
Tel. 04 90 66 10 82
Sonntagabend und Montag geschlossen
Betriebsferien: Okt.,
Mitte Jan. – Anfang Feb.
Untere Preiskategorie
Kreditkarten: EC, Visa

Küche und Keller sind in Frankreich männliche Domäne. Damen am Herd findet man fast nur noch in wenigen kleinen Lokalen auf dem Land, wo sie ihre Gäste meist mit der Küche verwöhnen, die sie bei ihren Müttern und Großmüttern kennengelernt haben. Brigitte Pizzecco macht da keine Ausnahme. In ihrer rustikalen Auberge gibt es Küche nach Hausmacherart. So unverfälscht und ohne Schnörkel wie Salat von Kartoffeln und Schweinsfuß, die Soupe au Pistou, Salat mit warmem Ziegenkäse oder Kaninchenragout in Senfsauce ist die ganze Speisekarte.

BEAUMES-DE-VENISE

EINKAUFEN

Coopérative Le Balméenne
Avenue Jules Ferry

Das fruchtige Olivenöl aus Beaumes-de-Venise begegnet Ihnen teuer verpackt in der berühmten Pariser Feinkosthandlung Hédiard. Hier bekommt man es in Flaschen oder, ganz unprätentiös, im 10-Liter-Kanister – und natürlich weit günstiger als im Delikatessengeschäft.

WEINGUT

Domaine de Fenouillet
Tel. 04 90 62 95 61
Fax 04 90 62 90 67

Beaumes ist die lokale Hauptstadt der Süßweine. In vielen Restaurants serviert man den Muscat de Beaumes-de-Venise zum Dessert.

Domaine de Coyeux
Tel. 04 90 62 97 96
Fax 04 90 65 01 87

Relativ großes Weingut mit berühmtem Muscat de Beaumes-de-Venise.

BEAU-RECUEIL

ÜBERNACHTEN

Mas de la Bertrande
Chemin de la Plaine
Tel. 04 42 66 90 09
Fax 04 42 66 82 01
10 Zimmer
Betriebsferien: 2 Wochen im Feb.
Preis: 350–550 Francs
Kreditkarten: die gängigen

Kleines Hotel in einem Park. Nicht zu teuer.

Relais Sainte-Victoire
Tel. 04 42 66 94 98
Betriebsferien: eine Woche im Januar oder Februar
10 Zimmer
Preise: 400–700 Francs
Kreditkarten: die gängigen

Rund 13 Kilometer westlich von Aix liegt dieser Familienbetrieb.

ESSEN

Relais Sainte-Victoire ⋆
Tel. 04 42 66 94 98
Sonntagabend und Montag geschlossen
Betriebsferien: eine Woche im Januar oder Februar
Mittlere bis obere Preiskategorie

Seit Großvater Jugy Anfang der fünfziger Jahre das Relais eröffnete, hat jede Generation das Ihre getan, um die Auberge zu verschönern und verbessern. Heute kostet man in einem stilvollen, holzgetäfelten Saal oder in einem kleinen Wintergarten die delikate Küche von René Bergès: Lammterrine mit Auberginen und Tomatencoulis, Zucchiniblüten mit Ratatouille und Hummerwürfeln, Dorade mit confierten Tomaten und Pistoubutter.

BONNIEUX

26 km von Cavaillon
44 km von Avignon

EINKAUFEN

Le Mas des Abeilles
Col le Pointu
Tel. 04 90 74 29 55

Neben feinem Honig führt das »Bienenhaus« auch andere regionale Spezialitäten wie Honigessig oder Senf.

WEINGUT

Château la Canorgue
Tel. 04 90 75 81 01

Auch mit biologischen Mitteln kann man gute Weine erzeugen. Das zeigt Jean-Pierre Margan, der sich als Mitglied des französischen Verbandes Nature & Progrès an strengste Auflagen halten muß: Keine Pestizide, keine Unkrautvertilger, keine chemischen Insektenvernichter. Unabhängige Inspektoren der Vereinigung Ecocert kontrollieren regelmäßig. Geringe Hektarerträge (28 bis 30 hl), handgelesene Trauben und perfekte Vinifikation (für die Roten mit einem fünf- bis achtmonatigen »Ausflug« ins Eichenholzfaß) bringen gute Weine hervor, die auf dem Concours Général Agricole in Paris, der Weinmesse von Macon und der Vinexpo von Bordeaux mehrfach ausgezeichnet wurden. Das Château selbst, ein nobler Gutshof aus dem 17. Jahrhundert mit majestätischer Terrasse, kleiner Hauskapelle und Neptunbrunnen, ist eine echte Sehenswürdigkeit.

CAIRANNE

15 km von Orange

WEINGUT

Domaine Rabasse-Charavin
La Font d'Estevenas
Tel. 04 90 30 70 05

Neben einfachen Tafelweinen bietet Corinne Couturier guten, roten Côte du Rhone Villages aus Grenache-Trauben von 40-50jährigen Reben. Günstige Preise.

Domaine de l'Oratoire Saint-Martin
Route de St. Roman
Tel. 04 90 30 82 07

Seit 1692 bearbeiten die Alarys schon ihr Fleckchen Erde. Mit Frédéric und François steht jetzt die zehnte Generation in den Startlöchern. Ihr Cairanne Rouge Réserve des Seigneurs de Saint Martin mit Aromen von Johannisbeeren, Pflaumen, Lakritz und Lorbeer oder der Cairanne Rouge Cuvée Prestige (aus Trauben von bis zu 90jährigen Rebstöcken!) setzen die Familientradition fort.

Domaine Richaud
Route de Rasteau
Tel. 04 90 30 85 25

Kleines Weingut mit gutem Rouge Cairanne. Jung zu trinken!

CARPENTRAS

23 km von Orange

ÜBERNACHTEN

Le Coq Hardi
36, place de la Marotte
Tel. 04 90 63 00 35
17 Zimmer
Preise: 170–310 Francs
Kreditkarten: die gängigen

Günstiges Haus in einer alten Poststation.

Fiacre
153 rue Vigne
Tel. 04 90 63 03 15
Fax 04 90 60 51 21
20 Zimmer
Preis: 190–450 Francs

Freundliches kleines Hotel mit Garten.

ESSEN

Le Vert Galant *
12, rue Clapies
Tel. 04 90 67 15 50
Samstagmittag und Sonntag geschlossen
Betriebsferien: variabel
Untere bis mittlere Preiskategorie
Kreditkarten: die gängigen

Jacques Mégean gehört zu den Bescheidenen im Gewerbe: »Ich bin nur ein kleiner Restaurateur«, sagt er. »Mit meiner Frau und noch einer Person koche ich strikt nach Jahreszeit nur frische Produkte der Region.« Mehr verlangt auch niemand, schließlich sprechen seine Tomatenvariationen, die täglich wechselnden Fischgerichte, die Lammnüßchen mit Bohnen und die kalte Creme von geröstetem Dinkel für sich. Eine Speisekarte gibt es nicht, dafür aber Menüs, die alle sechs Wochen wechseln. Im Winter ist das Trüffelmenü heiß begehrt.

EINKAUFEN

Markt

Allée des Platanes
Freitag von 8–12 Uhr

Großer provenzalischer Markt mit allen Produkten der Gegend. Ob Ziegenkäse, Schnecken, Geflügel oder Melonen – hier wird man fündig. Zwischen Ende November und Ende Februar werden an der Place Aristide Briand frische Trüffeln verkauft. Nicht verpassen!

Patisserie

Jouvaud
40, rue de l'Evêche

Die freundliche Patisserie lockt mit Schokospezialitäten wie »Vertige du Ventoux« oder »Or noir d'Abyssinie« oder einer »Tarte fermière« mit Quark und Himbeeren auf Biskuitteig.

Käse

Fromagerie du Comtat
23, place de la Mairie

Spitzenkäse aus ganz Frankreich warten hinter der Theke auf ihre Käufer: Ziegenkäse der Provence, alter Cantal aus Salers, Comté aus dem Jura, Epoisses aus Burgund… Industriekäse und Supermarktware hat Inhaber Auguste Vigier striktes Hausverbot erteilt.

Süßwaren

Albert Bono
280, avenue Jean-Jaurès

Feine Fruits confits aus Früchten der Region.

Rey
83, rue Porte de Mazan

Sogenannte Berlingots – Pfefferminz und Fruchtbonbons – gehören zu den großen Spezialitäten von Carpentras: Hier gibt es sie in allen erdenklichen Varianten: Mit Zitronengeschmack, Minze, Mandarine und vielem mehr…

CAVAILLON

ESSEN

Prevot
353, avenue de Verdun
Tel. 04 90 71 32 43
Sonntagabend und Montag geschlossen
Betriebsferien: 2 Wochen im Juli
Mittlere bis obere Preiskategorie
Kreditkarten: AE, EC, Visa

Seine duftigen Melonen haben Cavaillon in ganz Frankreich berühmt gemacht. Auch Küchenchef Jean-Jacques Prévot fühlt sich der heimischen Spezialität verpflichtet und bezeichnet sich selbst als »Schöpfer des Melonenwettbewerbs«, »Melonenspezialist seit 15 Jahren« und »Botschafter der Melone« – eine Tätigkeit, die ihn schon nach Deutschland, Singapur, Japan und Amerika führte. Melonenblätter mit Hummer und Anchoiade, gefüllte Rotbarben auf Melonenbett, Rinderfilet mit getrockneten Melonenscheiben und glacierte Melone mit Nougat in Beaumes-de-Venise – die Melonen sind hier wirklich überall.

EINKAUFEN

Markt

Cours Bournissac
Montagmorgen

Von der alles beherrschenden Melone über Gemüse bis zu Fischen und Käse.

Käse

La Fromagerie des Alpes
69, rue Raspail

Käsespezialitäten der Region.

CHÂTEAUNEUF-DU-PAPE

ÜBERNACHTEN

Hostellerie Château des Fines Roches
Route de Sorgues
Tel. 04 90 83 70 23
Fax 04 90 83 78 42
7 Zimmer
Betriebsferien:
Weihnachten – Anfang Feb.
Preise: 650–850 Francs
Kreditkarten: EC, Visa

Das imposante Schloß versteckt sich mitten in den Weinbergen am Ende einer Privatstraße. Nur sieben Zimmer. Sehr gute Küche.

ESSEN

Le Pistou
15, rue Joseph-Ducos
Tel. 04 90 83 71 75
Sonntagabend und Montag geschlossen
Untere Preiskategorie

Niemand sollte in Châteauneuf Schwierigkeiten haben, das richtige Lokal zu finden: Drei der Restaurants des Ortes drängeln sich dicht an dicht in der Rue Joseph-Ducos, ein weiteres liegt auf dem Dorfplatz. Das »Pistou« ist vielleicht nicht das erste Haus am Platze (wer nach Haute Cuisine hungert, sollte schleunigst nach Avignon weiterfahren), aber mit Sicherheit das liebenswerteste. Ein nettes Landbistro mit geblümten Vorhängen und Tischdecken, einer winzigen Terrasse, freundlichem Service, einer ordentlichen Auswahl an Châteauneuf-du-Pape-Weinen und regionaler Küche: Petits légumes farcis (kleine gefüllte Gemüse) und – wie der Name schon sagt – die Soupe au Pistou (Gemüsesuppe) gehören zu den Spezialitäten des Hauses, als »plat de résistance« gibt es Spieß von in Kräutern marinierter Lammkeule, Roulade von Lammfüßen oder einfach ein zünftiges Entrecôte mit Sauce Provençale.

WEINGUT

Château Mont-Redon
Tel. 04 90 83 72 75
Fax 04 90 83 77 20
Sprachen: Englisch

Hochwertiger roter und weißer Châteauneuf-du-Pape, der regelmäßig auf Weinmessen wie der Vinexpo ausgezeichnet wird. Seit drei Generationen bewirtschaften die Familien Abeille und Fabre die traditionsreichen Weinberge, auf denen vor 2000 Jahren schon römische Reben standen. Heute gehören geringe Hektarerträge und klassische Weinbereitung zu den Erfolgsgeheimnissen des Hauses. Nach Voranmeldung darf man das Weingut besichtigen, ansonsten muß man sich mit einer kurzen Degustation zufriedengeben. Mont-Redon wird in deutschen Landen von Schlumberger importiert.

Château la Nerthe
Route de Sorgues
Tel. 04 90 83 70 11
Fax 04 90 83 79 69
Sprachen: Englisch, Deutsch

Umwerfend schönes Weingut mit Park und Kellern aus dem 17. bis 18. Jahrhundert. Mistral widmete ihm die Zeilen: »Wenn der Most aus Nerthe im Glas vibriert und lacht ...« Auch heute noch gehören die roten und weißen Châteauneuf-du-Pape dieser Domaine (aus Grenache, Mourvèdre, Syrah und 9 anderen Rebsorten) zu den allerbesten der Gegend. Direktor Alain Dugas empfiehlt die Jahrgänge 91, 90, 89, 88 und 86 – letzterer ist leider höchstens noch in einigen Restaurants erhältlich.

Domaine du Vieux Télégraphe
3, Route Châteauneuf-du-Pape
84370 Bédarrides bei Châteauneuf-du-Pape
Tel. 04 90 33 00 31
Fax 04 90 33 18 47
Sprachen: Englisch

Ein Telegrafenmast gab dem Weingut seinen Namen. Heute ist die Domaine berühmt für ihre kräftigen, traditionellen roten Châteauneuf-du-Pape aus den Rebsorten Grenache (70%), Syrah (15%) und Mourvèdre (15%). Lese von Hand und geringe Hektarerträge (31 hl im Durchschnitt) sind hier noch selbstverständlich, die besten jüngeren Jahrgänge waren 1989 und 1990. Mit nur 20 000 abgefüllten Flaschen ist der weiße Télégraphe eine kleine Rarität.

Domaine Mathieu
Route de Courthézon
Tel. 04 90 83 72 09
Fax 04 90 83 50 55

Teurer, exzellenter und fast schon legendärer Châteauneuf-du-Pape. Einer der Lieblinge der Weinkenner Parker und Johnson.

Domaine Paul Autard
Route de Châteauneuf-du-Pape
84350 Courthézon bei Châteauneuf-du-Pape
Tel. 04 90 70 73 15
Fax 04 90 70 29 59

Nicht nur die historischen Keller – in gehärteten Sand gegrabene Tunnel mit alten Eichenfässern – lohnen jederzeit eine Besichtigung, auch die weißen und roten Châteauneuf-du-Pape gehören zum Besten, was die Region zu bieten hat.

Domaine Paul Avril
13, route de Sorgues
Tel. 04 90 83 70 13
Fax 04 90 83 50 87
Sprachen: Englisch

Guter Châteauneuf-du-Pape »Clos des Papes«.

Château de Beaucastel
Chemin de Beaucastel
84350 Courthézon bei Châteauneuf-du-Pape
Tel. 04 90 70 41 00
Fax 04 90 70 41 19
Sprachen: Englisch, Deutsch, Niederländisch

Sämtliche dreizehn zugelassenen Châteauneuf-Rebsorten werden hier angebaut: Grenache, Mourvèdre, Syrah, Cinsault, Vaccarese, Counoise, Terret Noir, Muscardin, Clairette, Picpoul, Picardin, Bourboulenc und Roussanne. Seit 1964 haben Beaucastels Reben keine Pestizide, Herbizide oder Kunstdünger gesehen! Die Trauben werden von Hand gelesen, entrappt und nach Rebsorten getrennt ausgebaut. So erzeugen Jean-Pierre und François Perrin mit viel Sorgfalt ihren roten Châteauneuf-du-Pape, einen lagerfähigen, komplexen Wein voller Aromen. Auch die weiße Variante (aus 100% Roussanne) ist eine Kostprobe wert.

Domaine de la Janasse
27, chemin du Moulin
84350 Courthézon bei Châteauneuf-du-Pape
Tel. 04 90 70 86 29
Fax 04 90 70 75 93
Sprachen: Englisch

Guter Côtes-du-Rhone-Les Garrigues, rarer Châteauneuf Cuvée Vieilles Vignes aus Trauben von 80- bis 100jährigen Rebstöcken. Winzer Aimé Sabon rät, den »Vieilles Vignes« mindestens 15 Jahre zu lagern und dann zu einem zünftigen Wildragout zu genießen.

CHATEAU-RENARD

10 km von Avignon

EINKAUFEN

Distillerie Frigolet
26, rue Voltaire

Diesen Kräuterlikör, im 19. Jahrhundert von Mönchen erfunden, mochte schon Schriftsteller Alphonse Daudet.

CHEVAL-BLANC

ESSEN

Nicolet *
Route de Pertuis
Tel. 04 90 78 01 56
Sonntagabend und Montag geschlossen, außer in der Hochsaison
Betriebsferien: variabel
Mittlere bis obere Preiskategorie
Kreditkarten: die gängigen

Nicolet – das ist intelligent verfeinerte Regionalküche auf hohem Niveau. Mit seinen Preisen und Auszeichnungen könnte Küchenchef Alain Nicolet jedenfalls leicht den nur 45 Plätze kleinen Speisesaal tapezieren: Grand Prix der nationalen Küchenakademie 1979, erster Preis im Concours agricole de Vaucluse 1992, Mitglied des prestigeträchtigen Ordre international des disciples d'Auguste Escoffier seit 1993 und vieles mehr … Wer sich vom Talent dieses Cuisiniers überzeugen möchte, wählt am besten à la carte (die verführerischsten Gerichte gibt es leider nicht alle im Menü) und kostet Salat vom paniertem Schweinsfuß mit Trüffelvinaigrette, Rotbarben mit Gemüse, gegrillte Lammkeule mit Knoblauchcreme und Ratatouille oder die Tagesgerichte wie gegrillte Taube in Châteauneuf-du-Pape mit Dinkelblinis.

COLLIAS

30 km von Avignon
40 km von Orange

ÜBERNACHTEN

Le Castellas *
Grand'Rue
Tel. 04 66 22 88 88
Immer geöffnet
Betriebsferien:
Anfang Jan. – Anfang März
17 Zimmer
Preise: 400–600 Francs
Kreditkarten: die gängigen

Strenggenommen liegt diese gute Adresse nach französischen Verständnis nicht in der Provence, sondern im Département Gard. Aber erstens ist Collias gerade einmal 25 Kilometer von Avignon entfernt, und zweitens ist dieses Hotel-Restaurant so schön und originell, daß wir einfach nicht achtlos daran vorbeigehen konnten. Chantal und Raymond Aparis haben hier ihre Version vom Paradies auf Erden geschaffen: Zwei kleine Häuserblocks, verbunden durch eine freundliche Terrasse mit weißen Sonnenschirmen, beherbergen ein gutes Dutzend individuell möblierter Zimmer: Ob Art déco, Art Nouveau oder bunte Farborgien der siebziger Jahre – jedes ist anders. Die äußerst großzügigen Zimmerpreise lassen genug Platz im Portemonnaie für einen gelegentlichen Restaurantbesuch.

ESSEN

Le Castellas *
Grand'Rue
Tel. 04 66 22 88 88
Immer geöffnet
Betriebsferien: Anfang Jan. – Anfang März
Mittlere Preiskategorie
Kreditkarten: die gängigen

In den zwei wunderschönen Sälen – einer in Blaßgelb mit hölzernen Möbeln, ein zweiter mit steinernen Bögen und romantischer Schummerbeleuchtung – läßt Küchenchef Fréderic Fournier aromenstarke Haute Cuisine mit südlichem Akzent servieren: Lammzungen mit Veilchensenf – herrlich, gebratene Jakobsmuscheln mit Steinpilzen, Seewolf mit Dinkelrisotto und in der Wildsaison Reh mit Roter Bete, Kartoffel- und Selleriepüree. Freundlicher Empfang durch die Dame des Hauses.

CRILLON-LE-BRAVE

30 km von Gordes
35 km von Orange

ÜBERNACHTEN

Hostellerie de Crillon
Place de l'Eglise
Tel. 04 90 65 61 61
Unter der Woche nur abends geöffnet, Dienstagabend geschlossen
Betriebsferien: Anfang Januar bis Mitte März
17 Zimmer
Preise: 750–1200 Francs
Kreditkarten: AE, EC, Visa

Wie verrückt muß man sein, um vierzig lange Landstraßen-

kilometer hinter Avignon in einem 50-Seelen-Nest ein Traumhotel zu eröffnen? Peter H. Chittick, ein Advokat aus dem englischen Teil Kanadas, der sich in diesen Landstrich verliebte und beschloß, sein weiteres Leben hier zu verbringen, war verrückt genug. Eigenes Vermögen hatte Mister Chittick kaum, dafür aber die gute Idee, ein paar amerikanische Investoren als Teilhaber zu gewinnen. Die Geschäftsleute gaben reichlich, genießen jetzt zwei Wochen Gratisferien pro Jahr als Rendite und sind mit ihrer Investition sichtlich zufrieden. Denn in der Hostellerie de Crillon zeigt ein Ausländer den Franzosen, wie ein französisches Landhotel aussehen sollte. Jedes Haus wirkt von außen ursprünglich und unverändert, in den Hallen bullert abends der Kamin, das Schachzimmer ist immer gut besucht, weil es in den Gasträumen Fernseher nur auf Anfrage gibt. Vom Willkommenstrunk, einem regionalen Wein, über Shampoos und Badezusätze bis zur Frühstückskonfitüre (von »La Roumanière« in Robion!) begegnet der Gast ausschließlich Produkten der Gegend – Chapeau, Monsieur Chittick!

ESSEN

Hostellerie de Crillon
Place de l'Eglise
Tel. 04 90 65 61 61
Unter der Woche nur abends geöffnet, Dienstagabend geschlossen
Betriebsferien: Anfang Jan. bis Mitte März
Mittlere bis obere Preiskategorie
Kreditkarten: AE, EC, Visa

Die Küche bleibt in der Hostellerie leider etwas hinter dem Hotelservice zurück, auch wenn man die Speisen in einem romantischen Gewölbekeller oder auf einer Gartenterrasse genießen kann.

CUCURON

ÜBERNACHTEN

Hôtel de l'Etang
Place de l'Etang
Tel. 04 90 77 21 25
Mittwoch geschlossen, außer in der Hochsaison
Betriebsferien: variabel
Mittlere Preiskategorie
Preise: 220 Francs
Kreditkarten: AE, EC, Visa

Einfaches Landhotel.

ESSEN

Hôtel de l'Etang
Place de l'Etang
Tel. 04 90 77 21 25
Mittwoch geschlossen, außer in der Hochsaison
Betriebsferien: variabel
Mittlere Preiskategorie
Kreditkarten: AE, EC, Visa

Schlichte unverfälschte Bistroküche: Zucchiniblüten mit Langustinocreme, Seezunge mit Zitronenbutter, Lamm im Thymianjus sind hier die beste Wahl. Ein typisches »Logis de France«, leider nur sind die Preise für die Menüs vergleichsweise hoch.

FONTAINE-DE-VAUCLUSE

HANDWERK

Vallis-Clausa
Tel. 04 90 20 31 72

In dieser Papiermühle wird noch nach Techniken des 15. Jahrhunderts gearbeitet.

FONTVIEILLE

ÜBERNACHTEN

La Regalido
Rue Frédéric Mistral
Tel. 04 90 54 60 22
14 Zimmer
Betriebsferien: Januar
Preise: 640–1430 Francs
Kreditkarten: die gängigen

Mühlen haben in Fontvieille Tradition. Nicht umsonst verfaßte Alphonse Daudet hier die »Lettres de mon Moulin«. So komfortabel wie das Regalido, eine restaurierte Olmühle zwischen Arles und Les Baux, war Daudets Mühle damals sicherlich nicht: Jedes Zimmer ist liebevoll ausgestattet, der Garten so ruhig und friedvoll, daß man am liebsten den ganzen Urlaub hier verbringen würde.

ESSEN

La Regalido *
Rue Frédéric Mistral
Tel. 04 90 54 60 22
Montag geschlossen, Juli bis September Montag- und Dienstagmittag geschlossen
Betriebsferien: Januar
Obere Preiskategorie
Kreditkarten: die gängigen

Im Speisesaal des gleichnamigen Hotels kommt zuverlässige, aber mäßig kreative Haute Cuisine à la Seewolf im Sud mit grobem Salz oder Lammkeule mit Knoblauchzehen. Eine zuverlässige Adresse.

EINKAUFEN

Öl

Moulin à Huile des Bédarrides
Tel. 04 90 54 70 04

Olivenöl aus eigener Ernte.

GIGONDAS

WEINGUT

Domaine les Goubert
Tel. 04 90 65 86 38
Fax 04 90 65 81 52

Winzer Cartier gehörte zu den ersten, die ihren Gigondas in neuen Eichenholzfässern ausbauten. Die Cuvée Florence und der rote Beaumes-de-Venise sind feine Weine.

Château Raspail
Chemin du Ruth
Sainte-Cécile-les-Vignes
Tel. 04 90 65 88 93
Fax 04 90 65 88 96
Sprachen: Englisch

Erstklassiger, stets hochgelobter Gigondas.

Domaine des Tourelles
Le Village
Tel. 04 90 65 86 98
Fax 04 90 65 89 47

Mönche begannen hier um 1600 mit dem Weinbau. Während der Revolution wurden sie aus der Domaine vertrieben – heute noch erkennt man im Eingangsbereich des Weinguts Einschußlöcher aus dieser Zeit. Immerhin sorgten die Mönche für eine kleine Sehenswürdigkeit: Winzer Roger Cuillerat empfängt seine Kunden in einem vierhundertjährigen Kellergewölbe. Die Jahrgänge 90 und 91 seines Gigondas werden von Fachleuten in höchsten Tönen gelobt.

GORDES

ÜBERNACHTEN

Les Bories
Route de l'Abbaye de Senanque
Tel. 04 90 72 00 51
Fax: 04 90 72 01 22
17 Zimmer
Betriebsferien:
Ende Nov. – Mitte März
Preise: 950–1850 Francs
Kreditkarten: die gängigen

Diese kleine Rarität nordwestlich von Gordes erreicht man über die D 177: Zimmer nicht nur in einem provenzalischen Mas, sondern auch in sogenannten Bories (Steinhütten).

Domaine de l'Enclos
Route de Senanque
Tel. 04 90 72 08 22
Fax 04 90 72 03 03
14 Zimmer
Betriebsferien:
Mitte Okt. – Mitte April
Preise: 680–980 Francs
Kreditkarten: die gängigen

Luxushotel mit schöner Aussicht auf das Lubéron-Gebirge.

Ferme de la Huppe
Les Pourquiers
Tel. 04 90 72 12 25
Fax 04 90 72 01 83
8 Zimmer
Betriebsferien:
Anfang Nov. – Ende März
Preise: 400–650 Francs
Kreditkarten: EC, Visa

Hotel im Auberge-Stil. Rustikale Zimmer. Restaurant.

ESSEN

Le Mas Tourteron
Chemin St. Blaise
Tel. 04 90 72 00 16
Montags geschlossen
Betriebsferien:
Mitte Nov. – Ende Dez.,
Mitte Jan. – Mitte Feb.
Kreditkarten: AE, EC, Visa

Ein idyllischer Garten, ein gepflegter Speisesaal im provenzalischen Stil mit grobem Stein, hölzernen Deckenbalken und blumigen Tischtüchern – diesem Haus merkt man an, daß es von einer Frau geleitet wird. Elisabeth Bourgeois, eine begabte Autodidaktin, beschäftigt aus Prinzip nur Damen in ihrer Küche, vielleicht um das alte Branchenvorurteil zu widerlegen, daß nur Männer wirklich kochen können. An guten Ideen mangelt es der Küchenchefin jedenfalls nicht: gestürzter Kaninchenkuchen mit Tapenade, Hausfrauenterrine vom Perlhuhn mit Nektarinenkonfitüre und Kardamom, Wolfsbarsch mit Gemüse und Sauce Béchamel, gebratene Zickleinkeule mit Erbsenmousseline und Fruchtsuppe sind ein ambitionierteres Küchenprogramm als das Zubereiten von Großmutters Rezepten. Schade nur, daß die Preise hier das Urlaubsbudget vergleichsweise stark beanspruchen – dafür ist der Garten allerdings wirklich paradiesisch.

EINKAUFEN

Honig

Le Miel Peyron
Place du Marché

Marc Peyrons Honig wird nicht nur auf dem Markt angeboten, sondern schmückt auch die Frühstückstische der besseren Hotels der Umgebung.

ISLE-SUR-LA-SORGUE

22 km von Avignon

ESSEN

Mas de Cure Bourse
Carrefour de Velorgues
Tel. 04 90 38 16 58
Montag und Dienstagabend geschlossen
Mittlere Preiskategorie
Kreditkarten: EC, Visa

Zwei Kilometer südöstlich von Isle versteckt sich dieses Mas in einem Garten voller Obstbäume. Françoise Donzé hat das Kochen bei ihrer Mutter gelernt: Haute Cuisine oder nie gekannte, neue Kulinar-Kreationen sollte man bei ihr nicht erwarten, dafür aber ehrliche und anständige Provence-Küche aus frischen Produkten, serviert in reellen Portionen: gefüllte Crêpes, Auberginenmus mit Tomatencoulis, Drachenkopf mit Krabbensauce, gefüllte Lammschulter mit weißen Bohnen und Lammzungen mit Zwiebelkonfitüre – eben die herzhafte Kost ihrer Heimat.

EINKAUFEN

Spezialitäten der Region

Les Délices du Lubéron
Avenue du 8 mai 1945
Tel. 04 90 38 45 96

Tapenade noire, verte oder mit Basilikum, Anchoiade, Pistou oder Auberginenpüree – der Familienbetrieb bietet die ganze Würze der Provence. Die hiesigen Spezialitäten findet man auch auf den Märkten von Apt, Saint-Rémy, Carpentras, Bonnieux und Gordes.

Sous l'Olivier
16, rue de la République

Epicerie mit ausgesuchten Spezialitäten der Region: Olivenöl, Tapenade, Weine, Konfitüren, Honig sowie Mandeln und Haselnüsse in Schokolade.

HANDWERK

Cristallerie des Papes
Fontaine de Vaucluse

Die Fabrikation wunderbarer, farbiger Glasobjekte kann man hier live miterleben.

JOUCAS

20 km von Cavaillon
39 km von Avignon

ÜBERNACHTEN

Le Mas des Herbes Blanches
Route de Murs
Tel. 04 90 05 79 79
Fax 04 90 05 71 96
Betriebsferien:
Januar – Mitte März
19 Zimmer
Preise: 700–1890 Francs
Kreditkarten: die gängigen

Nach dem Vorbild der »Bories« von Gordes aus grobbehauenem

Stein gebaut, liegt das »Mas« idylisch im Grünen und schmiegt sich mit seiner Rückseite an ein großes Schwimmbad. Zwei Zimmer im ersten Stock verfügen sogar über Dachterrassen mit Bäumen und Rasen (und sind für die Hauptsaison ein ganzes Jahr im voraus zu reservieren!). Extrem freundliches Servicepersonal bemüht sich, dem Gast jeden Wunsch von den Lippen abzulesen. In diesem kleinen Provence-Paradies soll es Gäste geben, die nachdem sie ihren Wagen eingeparkt haben, das Haus für die nächsten 14 Tage nicht mehr verlassen.

ESSEN

Le Mas des Herbes Blanches
Route de Murs
Tel. 04 90 05 79 79
Betriebsferien:
Jan. – Mitte März
Obere Preiskategorie
Kreditkarten: die gängigen

Das überschwengliche Lob für's Hotel können wir leider nicht auf das Restaurant ausdehnen. Nach einem feinen petit farci (gefülltem Gemüse) als Amuse-Gueule wurde die Küche bei unserem Besuch von Gang zu Gang schwächer. Aber vielleicht hatten wir ja nur einen schlechten Tag erwischt... Denn, wie gesagt, das »Mas« ist wirklich einen Umweg wert.

JOUQUES

25 km von Aix-en-Provence

WEINGUT

Château Revelette
Tel. 04 42 63 75 43

Peter Fischer, »Uhu«-Klebstoff-Erbe aus deutschen Landen, hat es in kurzer Zeit zum erfolgreichen Weinbauern gebracht. Der »Le Grand Rouge« aus den Rebsorten Cabernet Sauvignon und Syrah ist ein schönes Beispiel für seine Winzerkünste.

LANÇON-DE-PROVENCE

25 km von Aix-en-Provence

WEINGUT

Château Calissanne
D 10
Tel. 04 90 42 63 03

Majestätisches Weingut rund um ein imposantes Gemäuer aus dem 17. Jahrhundert. Von den rund 1000 Hektar der Domaine sind heute gerade mal 115 mit Reben bepflanzt, die von Oliven- und Mandelbäumen gesäumt werden. Der rote »Clos-Victoire« und die »Cuvée Prestige Rouge« gelingen hier am besten. Kein Wunder, daß man den Calissanne in renommierten Restaurants wie »Christian Etienne« in Avignon, »Le Louis XV« in Monte-Carlo, »Guy Savoy« und »Le Clos Longchamp« in Paris oder »Bernard Loiseau« in Saulieu wiederfindet.

LORGUES

95 km von Aix-en-Provence

ESSEN

Chez Bruno **
Campagne Mariette
Tel. 04 94 73 92 19
Sonntagabend und Montag geschlossen
Betriebsferien: variabel
Mittlere Preiskategorie
Kreditkarten: die gängigen

Wenn Bruno an den Tisch kommt, müssen die Gäste schweigen: »Heute gibt es Salat von Sommertrüffeln mit Kartoffeln, Olivenöl und grobem Salz, einen Kuchen von Trüffeln, Foie Gras und Steinpilzen, Taube in der Teigkruste mit Foie Gras und Schokoladenkuchen. Gefällt Ihnen das?« Kein Gast widerspricht, schon wegen des wahrhaft kolossalen Wirts, dessen 160 Kilo sich auf 1,90 Meter verteilen und der mit seiner Stimme jeden Opernsänger spielend in den Schatten stellt. Sonderwünsche wären auch zwecklos, in Brunos Kühlhaus lagern nur die Zutaten für die Tagesgerichte. »Trinken Sie Roten, Weißen oder Rosé dazu?« lautet die zweite Frage. Jahrgänge, Appellationen oder Namen von Winzern sind in dem Land-

haus 40 Kilometer von Fréjus tabu – Bruno sieht sich als letzten »Aubergiste« der Provence, als »Herbergsvater«, der seinen treuen Gästen (viele nehmen regelmäßig zwei Stunden Fahrt in Kauf, um ins entlegene Lorgues zu kommen), das vorsetzt, was er selbst gern ißt und trinkt. Und das sind in erster Linie Steinpilze, Stopfleber, Wild und vor allen Dingen Trüffel: Fast zwei Tonnen der teuren Knollen wandern pro Jahr durch Brunos Küche: weiße Trüffel aus Alba und »truffes de Saint Jean« im Sommer, schwarze Prachtexemplare aus dem Périgord und aus Tricastin im Winter. In der Küche werden die »schwarzen Diamanten« dann nicht etwa in pergamentdünnen Scheibchen über die Teller gehobelt, sondern bevölkern als ausgewachsene Portionen Gerichte wie Rührei mit schwarzen Trüffeln, Salat von frischen Trüffeln auf Stopfleber mit Trüffelvinaigrette und »Schäfersuppe« mit Trüffeln. Es folgen Feuilleté mit Stopfleber und Steinpilzen nebst Knoblauchsalat, Belles-de-Fontenay-Kartoffeln mit Steinpilzragout und Stopfleber, gefüllte Ringeltaube mit Stopfleber, Trüffeln und Trüffelragout – Speisefolgen, wie sie sich in Frankreich höchstens noch Rabelais für seinen »Gargantua« ausgemalt hat … Trotz des Überflusses an »Truffes« und »Foie Gras« kostet das Menü bei Bruno gerade mal um die 90 DM, wenn der Gast dem Patron gefällt, gibt es das Ganze – vin compris – manchmal sogar schon für 70 Mark. Reich wird unser »Aubergiste« damit sicher nicht. Will er aber auch gar nicht. Schließlich steht auf dem Parkplatz vor seinem Haus noch immer das Schild: »Hier endet der soziale Erfolg und der menschliche beginnt.«

LOURMARIN

ÜBERNACHTEN

Hotel de Guilles
Route de Vaugines
Tel. 04 90 68 30 55,
04 90 68 21 04
Fax 04 90 68 37 41
28 Zimmer
Betriebsferien:
Anfang Nov. bis Mitte Dez.,
Anfang Jan. bis Mitte Feb.
Preise: 400–620 Francs
Kreditkarten: die gängigen

Feines Relais de Silence in grüner Umgebung. Restaurant.

Le Moulin de Lourmarin ★
Rue du Temple
Tel. 04 90 68 06 69
Fax 04 90 68 31 76
20 Zimmer
Betriebsferien: Ende Nov.,
Mitte Jan. – Mitte Feb.
Preis: 500–1900 Francs
Kreditkarten: die gängigen

Hinter den historischen Mauern schwebt ein gläserner Aufzug durch die Halle, modernes Mobiliar wie frisch von der Mailänder Designmesse nimmt die Gäste in Empfang. Als kleiner Anklang an die Provence baumelt ein enormes Duftkissen, dessen Lavendelgeruch schon seit Monaten verflogen ist, vom Schlüssel herab. Hinter der Zimmertür ist es dann mit der Pracht schnell zu Ende. Trotz der hohen Preise sind die Räume recht bescheiden, die Fenster sind (bedingt durch die Mühlenarchitektur) winzig klein, und manchmal streikt der Fernseher. Zum Ausgleich gibt's technischen Schnickschnack: Auf dem Weg zum Bad knipst ein Bewegungsmelder das Licht an – in Bad und WC darf man dann wieder selbst den Schalter suchen.

ESSEN

La Fenière ★
9, rue du Grand Pré
Tel. 04 90 68 11 79
Sonntagabend und Montag geschlossen, Juli/August Montag und Dienstagmittag
Betriebsferien: variabel
Mittlere bis obere Preiskategorie
Kreditkarten: die gängigen

Frauen haben es in Frankreichs Küchen nicht immer leicht: Werden sie überhaupt zur Lehre in einem »Grand Restaurant« angenommen, schiebt der

Chef sie meist baldmöglichst in die Patisserie ab. Reine Sammut vom »La Fenière« in Lourmarin gilt als eine der drei oder vier Herddamen, die sich trotzdem an die Spitze gekocht haben, wird in den französischen Guides (mit Ausnahme des Michelin) mit besten Noten geführt und auch von männlichen Kollegen regelmäßig in höchsten Tönen gelobt. So ein guter Ruf läßt hoffen, da sieht man auch gern über das ziemlich eigenwillige Interieur, eine Kreuzung aus provenzalischer

Auberge und Parodie eines römischen Tempels, hinweg. Die Karte hat es jedenfalls in sich, sie ist ein kleines Lexikon der mediterranen Küche von heute: Safranrisotto mit Krustentierjus und Langustinos, marinierte Lammzunge mit Portulak, Kresse und Schalotten, mit Knoblauchpüree gefüllter Merlan »en papillotte«, serviert mit jungen Karotten, Kräuterbeignets und Bourridesauce oder Parmentier von Lammfuß und -bries – Madame Sammuts Töpfe scheinen vor guten Ideen überzukochen. Beim ersten Bissen folgt dann die Überraschung: Kein Gericht entkommt der Tendenz zur Überverfeinerung. Sicher ist Reine Sammut eine perfekte Köchin, was Auswahl der Zutaten, Technik und Garzeiten oder Präsentation der Gerichte betrifft. Aber gewürzt wird im »La Fenière« mit etwas zu zaghafter Hand.

Le Moulin de Lourmarin *
Rue du Temple
Tel. 04 90 68 06 69
Dienstag geschlossen, außer in der Hochsaison
Betriebsferien: November, Mitte Jan. – Mitte Feb.
Mittlere bis obere Preiskategorie
Kreditkarten: die gängigen

Edouard Loubet verführt mit Gerichten wie gebratene und confierte Stopfleber mit Tomatenmarmelade und Sauce aus gezuckertem Branntweinlikör, Steinbutt in Lakritzmilch oder Kaninchenkeule im Rosmarinjus mit Mandelpüree. Auch wenn einige Zubereitungen noch unnötig kompliziert wirken: Der junge Koch hat unverkennbares Talent!

MAUSSANE-LES-ALPILLES

ÜBERNACHTEN

L'Oustaloun
Place Laugier de Monblan
Tel. 04 90 54 32 19
Fax 04 90 54 45 57
10 Zimmer
Betriebsferien:
4. Jan. – 15. Feb.
Preise: 260–395 Francs
Kreditkarten: die gängigen

Im alten Rathaus: Zimmer im provenzalischen Stil.

Castillon des Baux le Touret
Avenue de la Vallée des Baux
Tel. 04 90 54 31 93
Fax 04 90 54 51 31
16 Zimmer
Preise: 320–350 Francs
Kreditkarten: die gängigen

Einfach und recht günstig sowie mit eigenem Schwimmbad.

ESSEN

Ou Ravi provençau
34, avenue de la Vallée des Baux
Tel. 04 90 54 31 11,
Dienstag geschlossen
Betriebsferien:
Mitte Nov. – Mitte Dez.
mittlere Preiskategorie
Keine Kreditkarten

Wer das Lokal nicht kennt, wird beim ersten Besuch achtlos vorbeifahren: Die Fassade ist derart von Pflanzen überwuchert, daß man das Namensschild kaum noch erkennt. Dafür weist eine Gedenktafel des Bürgermeisters darauf hin, daß das Haus schon seit 1964 in Familienbesitz ist. »Wir wollen ein einfaches Lokal bleiben«, meinen die Besitzer und fügen dann stolz hinzu: »Aber hier machen wir außer dem Brot alles selbst: Tapenade, Desserts, Sorbets, Pralinen… Bei uns gibt es garantiert nichts Vorgefertigtes.« Das schmeckt man auch bei Trüffelrührei, Soupe au Pistou (Gemüsesuppe), Kalbsbriespfännchen mit Bohnen und Erbsen und dem Rinderschmortopf nach alter Art, die man am besten im idyllischen Garten genießt.

La Petite France *
15, avenue de la Vallée des Baux
Tel. 04 90 54 41 91
Mittwoch und Donnerstagmittag geschlossen
Betriebsferien: 1 Woche im Jan. und im Nov.
Untere bis mittlere Preiskategorie
Kreditkarten: EC, Visa

Das kleine, rosig gestrichene Haus an der Hauptstraße wirkt nicht gerade spektakulär. Nur der schicke Wagenpark der Kundschaft verrät, daß man es nicht mit einem Dorflokal wie jedem anderen zu tun hat. Hausherr Thierry Maffre-Bogé hat in prestigeträchtigen Adressen wie »Le Cabro d'Or« und »Baumanière« in Les-Baux-de-Provence gelernt und seine Ausbildung in guten Restaurants wie dem »Martinez« in Cannes oder der »Enoteca Pinchiorri« in Florenz vervollkommnet. Spezialitäten wie Olivenravioli mit Ricottakäse und Salbei, Rotbarbenfilets mit Böhnchen und Olivenöl, Schweinsfuß im Schweinsnetz mit Morcheln, Lammfilets mit eingelegtem Knoblauch und Thymiansauce künden schon jetzt vom Talent des jungen, ehrgeizigen Kochs.

Noch sind die Menüs recht günstig – man sollte Monsieur Maffre-Bogé deshalb besuchen, bevor sein Lokal zur bekannten Adresse wird.

EINKAUFEN

Coopérative oléicole de la Vallée des Baux
Moulin Jean-Marie Cornille
Tel. 04 90 54 32 37
Fax 04 90 54 30 28

»Maussane – da kommt doch das Olivenöl her«, ist die erste Reaktion von französischen Besuchern, wenn sie am Dorfschild vorbeifahren. Denn das Öl aus Maussane wandert bei guten Küchenchefs aus ganz Frankreichs gerne in den Kochtopf. Kostprobe vor Ort ist fast schon Pflicht!

MEYREUIL

WEINGUT

Château Simone
Tel. 04 42 66 92 58

Simone ist mit seinen 17 Hektar fast schon ein winziges Weingut und gehört zu den Lieblingen von Küchenchefs und Sommeliers der Region und bevölkert die Weinkarten der Spitzenrestaurants der Region. Rot- und Roséweine werden zum Großteil aus den Rebsorten Grenache, Mourvèdre und Cinsault erzeugt, bei den Weißen dominiert der Clairette.

MONDRAGON

26 km von Orange

ESSEN

La Beaugravière
R.N. 7
Tel. 04 90 40 82 54
Sonntagabend geschlossen
Betriebsferien: 2 Wochen Ende Sept.
Untere bis mittlere Preiskategorie
Kreditkarten: AE, EC, Visa

Die Route Nationale 7 ist nicht gerade für höchste Kochkunst bekannt: Frittenbuden reihen sich hier an »Relais-Routiers« für LKW-Fahrer, die gern die alte Landstraße nutzen, um Mautgebühren zu sparen. Das »Beaugravière« ist die bekannte Ausnahme von der Regel. Schon der Weinkeller verzeichnet alle erdenklichen Schätze aus dem Vallée du Rhône. Entsprechend gibt es, neben zwei günstigen Menüs, ein Menü unter dem Motto »Wein und Speisen der Rhône«: Frikassee von Pfifferlingen, Steinpilzen und Sommertrüffeln mit Entenbouillon, serviert mit einem Viognier 93 der »Vignerons Ardéchois«, Seezungenstreifen mit Krustentiersauce, zu denen sich ein Laudun blanc 93 der Domaine Pélaquié gesellt, in Knoblauch mariniertes Lammfilet mit Thymianjus mit einem Syrah des Château de Fonsalette, Apfelkuchen mit Honigeis serviert mit dem süßen Muscat aus Beaumes-de-Venise zum Beispiel. Die eigentliche Attraktion findet jedoch von Januar bis März statt. Dann wird das Haus an der Nationalstraße zum Trüffel-Tempel der Provence, Guy Julien serviert die teuren Knollen in allen erdenklichen Variationen: Als Rührei, mit Jakobsmuscheln oder Geflügelbouillon … Aber auch wer nur ein gutes und günstiges Menü möchte, wird im Beaugravière jederzeit fündig. Kurz: Eine der interessantesten Adressen in diesem Teil der Region.

MONTEUX

28 km von Avignon
28 km von Orange

HANDWERK

Atelier Hopp
Château des Confines
Tel. 04 90 66 22 80

Die kleine, handwerkliche Orgelmanufaktur kann man nach telefonischer Voranmeldung besichtigen.

MORMOIRON

40 km von Avignon
40 km von Orange

WEINGUT

Château Pesquié
Tel. 04 90 61 94 08
Fax 04 90 61 94 13
Sprachen: Englisch, Deutsch, Spanisch

Sehr schöner Côtes de Ventoux »Château Pesquié Rouge« und

»Château Pesquié Quintessence«. Zum traditionsreichen Weinschloß (1253 zum ersten Mal urkundlich erwähnt) gehören außerdem das Château Leyrac, die Domaines de Moutiè, de Pezet und du Paradier, sowie das »Mas du Paradou«.

MOUSTIERS-SAINTE-MARIE

86 km von Aix-en-Provence

ÜBERNACHTEN

La Bastide de Moustiers *
La Grisolière
Ortsteil Saint-Michel
Tel. 04 90 74 62 40
Fax 04 90 74 62 41
Mittlere Preiskategorie
5 Zimmer
Betriebsferien:
Anfang Jan. – Mitte März
Preise: um 700 Francs
Kreditkarten: AE, EC, Visa

Die »Bastide de Moustiers« von Alain Ducasse ist eine Auberge wie aus dem Bilderbuch: ein Gebäude aus dem 17. Jahrhundert inmitten von vier Hektar Park, mit Kaminsalon, Bibliothek, Restaurant, Speisezimmer für Verliebte mit nur einem Zweiertisch, Stallungen, Schwimmbad und eigenem Gemüse und Kräutergarten. Die liebevoll im provenzalischen Stil möblierten Zimmer tragen romantische Namen wie »Olivier«, »Coquelicot«, »Lavande« oder »Bouton d'Or« – rechtzeitige Reservierung ist unerläßlich. Frühstückseier kommen von den Hennen vor dem Haus, der Hahn weckt die Langschläfer unter den Gästen.

ESSEN

La Bastide de Moustiers *
La Grisolière
Ortsteil Saint-Michel
Tel. 04 90 74 62 40
Kein Ruhetag
Betriebsferien:
Anfang Jan. – Mitte März
Mittlere Preiskategorie
Kreditkarten: AE, EC, Visa

Der Traum eines Drei-Sterne Kochs: Alain Ducasse gab hier seinem Appetit auf ländliche Küche nach. Der Meister aus Monaco nutzt seine Auberge als Schule für zukünftige große Köche. Fast jedes Jahr tritt ein neues Talent den Dienst am Herd an und verwöhnt die Feinschmecker aus aller Welt mit rustikalen, aber dennoch raffinierten Spezialitäten: Geschmortes Herbstgemüse mit Bauernspeck, Hasenterrine mit Birnensalat, Sellerie und Chicorée, gefüllte Fasanenhenne nach alter Art, Milchschwein mit Polenta und Steinpilzsauce, am Spieß gegrilltes Lamm mit Gemüsen und Kirschauflauf – hier hat Alain Ducasse der Lebensart der Provence wirklich ein Denkmal gesetzt.

HANDWERK

Keramik

Ségriès
Route de Riez

Renommierte Adresse für die weltbekannten Faiencen aus Moustiers. »Ségriès« unterhält auch Filialen in Paris und New York.

NOVES

14 km von Avignon

ÜBERNACHTEN

Auberge de Noves
D 28 Richtung Châteaurenard
Tel. 04 90 94 19 21
Fax 04 90 94 47 76
23 Zimmer
Betriebsferien: Januar
Preise: 1150–1500 Francs
Kreditkarten: die gängigen

ESSEN

Auberge de Noves **
D 28 Richtung Château-renard
Tel. 04 90 94 19 21
Sonntagabend und Montag geschlossen, außer in der Hauptsaison
Obere Preiskategorie

»Kontinuität« ist das Lieblingswort des alten Monsieur Lalleman, wenn er über sein Restaurant spricht. Zwischen 1958 und 1968, als er selbst noch am Herd stand, funkelte die Auberge mit drei Sternen an der Michelin-Milchstraße, und zahlungskräftiges Publikum aus aller Welt reiste in das kleine Noves, um Hummersoufflé und in der Folie gegarte Enten mit Sauce aus ihrer Leber zu kosten. Seitdem hat die Auberge alle kulinarischen Nachkriegsmoden erlebt, kochte sich über klassische Küche zur Nouvelle Cuisine und schließlich zur neuen rustikalen Küche. Die Michelinsterne wurden immer weniger, aber an Gästen fehlte es dem majestätischen Landhaus im Grünen nie. Vor kurzem hat Grandseigneur Lalleman die Töpfe und Pfannen an seinen Sohn Robert übergeben – und das dynamische Vater-Sohn-Duo schafft es tatsächlich, den Familienbetrieb wieder ganz nach oben zu kochen: Ein Abschnitt der Karte ist den traditionellen Gerichten des Seniors gewidmet, die zweite Hälfte gehört den neuen Kreationen des Filius: Entenleber mit Artischocken, Knoblauchsoufflé mit Pinienkernen und kleinen Schnecken, pochierter Rochen mit Zitronen, Speck und Zwiebeln oder die Ente in Kräuterkruste mit Salz, Koriander und Akazienhonig sind die besten Zeugen für die zweite Jugend der Auberge.

NYONS

42 km von Orange

ÜBERNACHTEN

La Picholine
Prom Perrière
Tel. 04 75 26 06 21
Fax 04 75 26 40 72
16 Zimmer
Betriebsferien: 1 Woche im Oktober, Februar
Preise: 280–360 Francs
Kreditkarten: EC, Visa

Korrektes Mittelklassehotel inmitten der Olivenhaine.

OPPÈDE-EN-LUBÉRON

30 km von Avignon

EINKAUFEN

Öl

Moulin Mathieu
Route du Moulin à Huile

Kaltgepreßtes Olivenöl als Zuschauerspektakel: Neben einem Videofilm kann man in der 200jährigen Mühle nach Anmeldung auch an Führungen teilnehmen und in der hauseigenen Boutique seinen Bedarf an Provence-Produkten von Seifen über Tapenade bis zu Honig und Kräutern decken. Fehlt nur noch der Pastis.

ORANGE

ÜBERNACHTEN

Arène
Place de Langes
Tel.: 04 90 34 10 95
Fax 04 90 34 91 62
30 Zimmer
Betriebsferien:
Anfang Nov. – Mitte Dez.
Preise: 300–440 Francs
Kreditkarten: die gängigen

Mittelklassehaus im Zentrum. Kein Aufzug.

Le Mas des Aigras
Ortsteil Russamp Est
Chemin des Aigras
Tel. 04 90 34 81 01
Fax 04 90 34 05 66
11 Zimmer
Betriebsferien: variabel
Preise: 350–410 Francs
Kreditkarten: EC, Visa

Einfaches Haus im Grünen. Simple Zimmer, aber nicht zu teuer.

Le Manoir
Route Nationale 7
Mornas bei Orange
Tel. 04 90 37 00 79
25 Zimmer
Betriebsferien: Nov. und Jan.
Preise: 250–320 Francs
Kreditkarten: die gängigen

Charmantes Hotel in einem Haus aus dem 18. Jahrhundert.

PERTUIS

WEINGUT

Château Val Joanis
Tel. 04 90 79 20 77

Die Provence scheint ruhebedürftige Industrielle magisch anzuziehen. Hier hat sich Jean-Louis Chancel mit millionenschweren Investitionen seinen Traum vom Wein erfüllt. Nicht irgendwie, sondern gleich mit dem größten Weingut der Appellation: Rund 40 Hektar, von denen momentan nur 170 mit Reben bepflanzt sind, ein malerisches Haus mit gepflegtem Garten sowie mehrere Degustationsstände in den umliegenden Orten. Prestigewein des Hauses ist der »Château Val Joanis Les Griottes«: Die Trauben stammen aus den ältesten Rebstöcken der Domaine, der Hektarertrag ist mit 35 hl recht gering, nach einer kurzen Passage im Barrique muß der Griottes mindestens ein Jahr in der Flasche verbringen, bevor er das Schloß verlassen darf.

PUGET-SUR-DURANCE

24 km von Cavaillon
48 km von Avignon

WEINGUT

Château de la Verrière
Tel. 04 90 08 32 98

Jean Louis Discours, Generaldirektor der französischen André-Gruppe (zu der die Schuhläden Orcade, Minelli und Chausseland sowie die Boutiquen Caroll, Kookai, Creeks und Liberto gehören) gönnte sich dieses Weingut als Hobby. Gute 11 Millionen Mark investierte er in sein Château, den Weinberg und eine ultramoderne Kellerei. Zusammen mit seinem Önologen Jacques Coll möchte er für die anderen Winzer der nicht gerade reputierten Weinbauregion ein Vorbild sein, bemüht sich vergeblich, seine Nachbarn zu überzeugen, ihre Weinberge nicht »auszupressen« (er selbst »erntet« statt der erlaubten 50 hl pro Hektar nur 35), respektiert die traditionellen Rebsorten der Region und schwört auf modernste Kellertechnik. Spitzenprodukt des Hauses ist seine Cuvée Prestige, Grand Deffand Rouge, von der pro Jahr nur 6000 Flaschen produziert werden. Mit einem Stückpreis von unter 25 DM ist die edle Bouteille sogar noch bezahlbar. Wie sagt doch der Hausherr: »Man muß wissen, wo man sein Geld verliert…«

LE-PUY-SAINTE-REPARADE

19 km von Aix-en-Provence

WEINGUT

Château de Fonscolombe
Tel. 04 42 61 89 62

Schöner, roter Côteaux d'Aix-en-Provence »Cuvée Spéciale«.

Domaine des Bastides
Saint-Canadet
Tel. 04 42 61 97 66

Freundliches Familiengut mit schönem »Rouge Cuvée Speciale« aus Cabernet-Sauvignon und Grenache. Nur in guten Jahren wie 85, 88, 89 erzeugen die Salens ihre Top-Cuvée aus biologisch angebauten Trauben, in anderen Jahrgängen muß man auf den Rouge Tradition oder den Blanc de Blancs zurückgreifen. Oder man kostet eine kleine Kuriosität: Den »Vin cuit«, dessen Most sechs Stunden auf offenem Feuer vor sich hin köchelt.

PUYLOUBIER

ESSEN

Les Sarments
4, rue qui Monte
Tel. 04 42 66 31 58
Montag und Dienstagmittag geschlossen
Betriebsferien: 2 Wochen im Jan. und im Aug.
Untere Preiskategorie
Kreditkarten: die gängigen

Schlichte Küche von Gabrielle Jugy, deren Kinder das »Relais Sainte Victoire« in Beaurecueil betreiben. Typisch provenzalisch ist nicht nur das Ambiente mit Rauhputz, Holzstühlen und Bauernschränken, auch die Küche hält es mit der reinen Lehre der Tradition: Paprika aus dem Ofen mit Olivenöl, Ragout vom Schwein sowie endlos lange geschmorte Pieds et paquets (Lammroulade mit Lammfüßen) und Daubes (Schmortöpfe). Günstiges Menü.

WEINGUT

Domaine Richeaume
Tel. 04 42 66 31 27

Dr. Henning Hoesch gehört zu den profiliertesten deutschen Winzern der Provence. Bekannte Architekten gestalteten sein Weingut. Chemische Hilfsmittel sind hier beim Weinbau strengstens verboten, gedüngt wird statt dessen mit dem Kompost einer Herde Schafe. Die biologisch erzeugten Trauben reifen im Barrique zu einem guten Côtes de Provence Syrah.

PUYRICARD

6 km von Aix-en-Provence

WEINGUT

Château du Seuil
Tel. 04 42 92 15 99

Schöner Côteaux d'Aix-en-Provence aus einem Winzerschloß des 13. und 17. Jahrhunderts. Die Roten entstammen den Rebsorten Cabernet Sauvignon, Syrah, Grenache und Cinsault und sind fruchtig, gut strukturiert und – verglichen mit anderen Gewächsen der Region – recht lagerfähig, die Weißen aus Sauvignon, Grenache Blanc und Ugni Blanc elegant und frisch. Probieren Sie z. B.: die rote Cuvée Prestige 1991.

RASTEAU

30 km von Orange
46 km von Avignon

WEINGUT

Cave des Vignerons de Rasteau
Tel. 04 90 10 90 10
Fax 04 90 46 16 65
Sprachen: Englisch

Auch wenn der Genossenschaftskeller über 700 Hektar Weinberge verfügt – Qualität wird hier großgeschrieben. Das Resultat sind schöne Côtes du Rhône Villages wie die Cuvées Prestige 1990, Tradition 1993 oder Carte Noire 1993, sowie der Rasteau vin doux naturel, den man beispielsweise zu einem Schokodessert versuchen sollte.

RIBOUX

45 km von Aix-en-Provence

ESSEN

Auberge Le Solitaire
Pied de la Colle
Tel. 04 42 73 81 29
Betriebsferien: variabel
Untere bis mittlere Preiskategorie
Kreditkarten: EC, Visa

Rustikale und authentische Auberge im kleinsten Dorf Frankreichs (17 Einwohner!). Seit dreißig Jahren schmort Georgette Champion hier ihr Kaninchenragout, die traditionellen Pieds et paquets (Lammroulade mit Lammfüßen), serviert Würste, Schinken und gegrillte Lammkeulen. Solide Hausfrauenküche in üppigen Portionen!

WEINGUT

Domaine Didier Charavin
(Domaine des Parpaiouns)
Route de Vaison-la-Romaine
Tel. 04 42 46 15 63

Besitzer Charavin hat einfach kein Glück: Zuerst war sein Weingut als Domaine des Papillons (Schmetterlinge) bekannt. Dann zwang man ihn aus rechtlichen Gründen zum

Namenswechsel, aus den Papillons wurden die Parpaiouns, das alte, provenzalische Wort für Schmetterlinge. Vor kurzem war der gute Didier dann schon wieder zum Wechseln gezwungen und besann sich auf einen Namen, den ihm niemand wegnehmen kann: seinen eigenen. Der Qualität seines Côtes du Rhone Village Prestige tut das freilich keinen Abbruch, versuchen Sie ruhig den 89er und den 90er. Wer die Exschmetterlinge besuchen will, muß eine gute Nase besitzen: Es gibt mindestens drei weitere Charavins in und um Rasteau.

ROBION

EINKAUFEN

Süßes

La Roumanière
Place de l'Eglise

Feinste, traditionell hergestellte Konfitüren in einem kleinen Dorf 4 Kilometer hinter Cavaillon. Nicht nur Klassiker wie Pfirsich, Birne oder Mirabelle werden dem Durchreisenden angeboten, die Konditoren der Roumanière erfinden laufend interessante Neuschöpfungen wie Rhabarber mit Pflaumen, Apfel mit Pinienkernen, weiße Knorpelkirsche (Bigarreau) oder Aprikosen mit Mandeln.

ROCHEGUDE

15 km von Orange

ÜBERNACHTEN

Château de Rochegude
Tel. 04 75 04 81 88
Betriebsferien:
Mitte Jan. – Mitte März
25 Zimmer
Preise: 500–1500 Francs
Kreditkarten: die gängigen

Wären im Burghof Pferde statt Mercedes und BMW untergebracht, man könnte schwören, es hätte einen direkt ins Mittelalter verschlagen. Die wuchtige Festung dominiert das gesamte Dorfbild und wirkt so authentisch (und so sehenswert), daß ständig Touristen anfragen, wann man das Château besichtigen könne. Die Besichtigung bleibt leider den zahlenden Gästen vorbehalten, die aber werden ordentlich verwöhnt. Zu einem der Zimmer gehört sogar die Hälfte der alten Wehrgänge und der Burgturm aus dem 13. Jahrhundert – steht als Aussichtsterrasse zur freien Verfügung der Gäste. In den 10 Hektar Schloßpark tummeln sich Rehe, Hirsche und Wildschweine, manchmal fechten einige Tiere des Nachts zwischen den Liegen am Schwimmbad ihre Rangkämpfe aus. Und abends kommt in den Wandelgängen mit Papststatuen oder in der Halle – historischer Platz eines päpstlichen Richtstuhls – tatsächlich ein Hauch von Ritterromantik auf.

ESSEN

Château de Rochegude
Tel. 04 75 04 81 88
Betriebsferien:
Mitte Jan. – Mitte März
Obere Preiskategorie
Kreditkarten: die gängigen

Durch und durch von heute ist die Küche des Schlosses: Ob Seewolf in Eisenkrautinfusion, Dorade mit Tapenade und confierten Tomaten oder gebratenes Lammcarré mit Knoblauchpüree – in den historischen Sälen schmeckt es einfach! Schließlich ist Direktor André Chabert selbst ein erfahrener Feinschmecker und behält seinen Küchenchef tagtäglich kritisch im Auge.

ROQUEFORT-LA-BEDOULE

34 km von Aix-en-Provence

WEINGUT

Clos Val Bruyère
Château Barbanau
Tel. 04 42 73 14 60

Familiäres Weingut mit schönem weißen Cassis.

ROUSSILON

ÜBERNACHTEN

Mas de Garrigon
Route de Saint-Saturnin-d'Apt, D 2
Tel. 04 90 05 63 22
Fax 04 90 05 70 01
9 Zimmer
Betriebsferien: Mitte Nov. bis Anfang Jan.
Preise: 900–1050 Francs
Kreditkarten: die gängigen

Provenzalische Zimmer mit Terrasse, Bibliothek, Schwimmbad. In diesem Relais du Silence läßt sich's wohlsein.

ESSEN

Mas de Garrigon
Route de St.-Saturin-d'Apt
Tel 04 90 05 63 22
Fax 04 90 05 70 01
Montag und Dienstag geschlossen, im Winter Mittwoch
Betriebsferien: Mitte Nov. bis Anfang Jan.
Obere Preiskategorie
Kreditkarten: die gängigen

SABLET

20 km von Orange

WEINGUT

Domaine de Verquière
Tel. 04 90 46 90 11
Fax 04 90 46 99 69
Sprachen: Spanisch

Schöner Côte du Rhone Sablet aus den Rebsorten Grenache (65%), Syrah (15%), Cinsault /Mourvèdre (15%) und Clairette (5%). Günstige Preise.

Domaine de Piaugier
Tel. 04 90 46 96 49
Fax 04 90 46 99 48
Sprachen: Englisch

Sablet ist fast ein »reinrassiges« Weindorf: Unter den etwa 1200 Einwohnern sind rund 100 selbständige Winzer, die pro Jahr etwa 5000 hl Côtes du Rhône Sablet abfüllen. Marc Autran und Sohn gehören zu den wichtigsten Winzern des Dorfes, ihre Sablets »Les Briguières«, »Montmartel« und »Ténébi« sowie ihr Gigondas sind regelmäßig unter den Spitzenerzeugnissen des Weindorfs.

SAINT-CANNAT

16 km von Aix-en-Provence

WEINKELLEREI

Château de Beaupré
Tel. 04 42 57 33 50

Baron Emile Double begann hier 1890 mit dem Weinbau, seine Nachfahren erzeugen heute einen guten Coteaux d'Aix Rouge aus 90% Cabernet Sauvignon.

SAINT-ETIENNE-DU-GRES

WEINGUT

Domaine Trévallon
Tel. 04 90 49 06 00

Das beste Weingut der Region Coteaux des Baux. Erstklassiger Rotwein aus 60% Cabernet Sauvignon und 40% Syrah.

SAINT-MARTIN-DE-CRAU

STIERZUCHT

Manade Chapelle
Mas de Pernes - Route de Fos
(an der N 568)
Tel. 04 90 47 16 23

Einige der Stiere, die in den Arenen von Arles und anderswo bei der Course Camarguaise antreten, werden hier gezüchtet. Auf Wunsch kann man den Betrieb besichtigen.

SAINT-REMY-DE-PROVENCE

ÜBERNACHTEN

Hôtel des Antiques
15, boulevard Mirabeau
Tel. 04 90 92 03 02
Fax 04 90 92 50 40
27 Zimmer
Betriebsferien:
Ende Okt. – Ende März
Preise: 360–600 Francs
Kreditkarten: die gängigen

Rustikales Hotel mit Park.

Château des Alpilles
D 31
Tel. 04 90 92 03 33
Fax 04 90 92 45 17
20 Zimmer
Preise: 860–1080 Francs

Schloß aus dem letzten Jahrhundert. Sauna, Schwimmbad.

Vallon de Valrugues
Chemin Canto Cigalo
Tel. 04 90 92 04 40
Fax 04 90 92 44 01
35 Zimmer
Preise: 690–1180 Francs
Kreditkarten: die gängigen

Luxuriöses Relais du Silence mit Golfmöglichkeit. Einige Zimmer bieten beeindruckende Aussicht.

EINKAUFEN

Markt

Marché provençal
Mittwochmorgen von
8–12 Uhr

Bunter Markt mit den Produkten der Region: Oliven, Konfitüren, Anchovis, Olivenöl, Essig, Kräuter der Provence

Kräuter

Herboristerie Provençale
67, av. de la Libération

Kräuter für Köche, Heilpraktiker und andere. Sehr große Auswahl mit über 600 Sorten.

Süßwaren

Anne Lilamand
1, rue de la Commune

Gute Adresse für süße Sachen: Honig, Konfitüren und kandierte Früchte treffen sich in den Regalen.

WEINGUT

Domaine des Terres Blanches
Tel. 04 90 95 91 66

»Les Baux« markieren die Winzer hier stolz unter der offiziellen Appelationsbezeichnung »Coteaux d'Aix en Provence«. Seit 1968 wurden hier weder Kunstdünger noch Unkraut- oder Insektenvertilgungsmittel angewandt. Zu den besten Weinen gehören die Cuvée Aurelia (auf Basis von Cabernet-Sauvignon und Syrah) und die Cuvée Bérangère (Mourvèdre).

Domaine Hauvette
Mas Cellier
Chemin du Trou des Bœufs
Tel. 04 90 92 03 90

»Small is beautiful« steht auf der Umschlagseite des Hausprospekts. Tatsächlich: Kleiner geht es nicht! Dominique Hauvette verfügt gerade mal über sechs Hektar, nur die Hälfte ist mit Reben bepflanzt. Pro Jahr werden höchstens 120 hl Wein erzeugt. Von Rebschnitt bis Vinifikation und Verkauf kümmert sich die Dame des Hauses ganz allein um ihren Betrieb. Lediglich die Trauben, biologisch angebaut nach den Maßstäben des französischen Nature & Progrès-Verbandes, werden von angestellten Pflückern von Hand gelesen. Der rote Hauvette schmeckte sogar Amerikas Weinpapst Robert M. Parker, dem Weißen bescheinigte er immerhin, er sei »besonders gut gemacht«. Übrigens: Auf den drei Hektar, die nicht mit Wein bepflanzt sind, wachsen Oliven, Kirschen und Mandeln, die ebenfalls verkauft werden.

Château Romanin
Tel. 04 90 45 87

Ein eigener Weinberg für einen Spitzenkoch – das ist die neueste Mode in Frankreichs hoher Gastronomie. Georges Blanc, Pierre Troisgros, Michel Guérard, Marc Meneau, Alain Senderens, alle diese dreifach besternten Küchenkünstler besitzen inzwischen eigene Reben. Romanin gehört Jean-André Charial, dem Besitzer und Koch des »Baumanière« in Les

Baux: Rot-, Weiß- und Roséweine aus biodynamischen (den Lesezeitpunkt rechnet ein Astrologe aus) und sehr sehenswerte Keller.

SAINTES-MARIES-DE-LA-MER

ÜBERNACHTEN

L'Estelle
Route du Petit-Rhône, D 38
Tel. 04 90 97 89 01
13 Zimmer
Betriebsferien: variabel
Preise: 740–840 Francs
Kreditkarten: die gängigen

Mehrere moderne Bungalows außerhalb des für sein Zigeunerfest berühmten Dorfes. Vergleichsweise günstig.

SALON-DE-PROVENCE

ÜBERNACHTEN

Le Mas du Soleil
38, chemin Saint-Côme
Tel. 04 90 56 06 53
Fax 04 90 56 21 52
10 Zimmer
Betriebsferien: variabel
Preise: 500–800 Francs
Kreditkarten: die gängigen

Zimmer im provenzalischen Stil rund um einen begrünten Innenhof. Sehr ruhige Lage, Schwimmbad. Gutes Restaurant im Hause.

ÜBERNACHTEN

Abbaye de Sainte Croix
Val de Cuesh
Tel. 04 90 56 24 55
19 Zimmer
Betriebsferien:
Anfang Nov. – Mitte März
Preise: 600–1300 Francs
Kreditkarten: die gängigen

Hier wird man gern zum Mönch: Die alte Abtei liegt auf dem höchsten Berg der Region und bietet die atemberaubendste Aussicht auf die Provence. Unternehmensberater Bossard ließ in den sechziger Jahren die Kapelle aus dem 12. Jahrhundert und die Mönchszellen originalgetreu restaurieren. Jedes Zimmer besteht seitdem aus mindestens zwei der ursprünglichen Kammern und trägt keine Nummer, sondern den Namen eines Heiligen. Seine Tochter Catherine machte die Abbaye schließlich zum Hotel. Übertriebenen Luxus sucht man vergebens, jedes Zimmer verfügt gerade mal über properen Normalkomfort für Nicht-allzu-Verwöhnte. Zum Ausgleich genießt man Tag und Nacht paradiesische Ruhe.

ESSEN

Abbaye de Sainte Croix
Val de Cuesh
Tel. 04 90 56 24 55
Montagmittag geschlossen
Betriebsferien:
Anfang Nov. – Mitte März
Obere Preiskategorie
Kreditkarten: die gängigen

Hier wird man von freundlichen Menschen umsorgt und kann nach ein paar Fenchelravioli in Hummerbouillon, Rotbarbenfilets mit Thymian-Zitronensauce und Kaninchenrücken mit Anchovis und Steinpilzpolenta von der Terrasse den Blick auf den Sternenhimmel der Provence genießen. Und das ist diesen Umweg allemal wert…

SARRIANS

21 km von Orange

WEINGUT

Domaine le Sang des Cailloux
Route de Vacqueyras
Tel. 04 90 65 88 64

Das »Blut der Kieselsteine« (Sang des Cailloux) ist ein guter Vacqueyras Rouge.

LE THOLONET

WEINGUT

Château Crémade
Tel. 04 42 66 92 66

Winziges Weingut mit nur 6 Hektar Reben bei Aix-en-Provence. Sowohl die weiße »Cuvée Antoinette« als auch der Rote werden in neuen Eichenholzfässern ausgebaut.

TRETS

24 km von Aix-en-Provence

WEINGUT

Mas de Cadenets
Tel. 04 42 29 21 59

Guy Negrel besitzt einen geschichtsträchtigen Weinberg: Früher fand man schon mal Dinosauriereier, Fossilien oder Amphorenhälse zwischen den Reben. Das archäologisch wertvolle Terrain scheint sich mit den Trauben bestens zu vertragen, schließlich werden seine Gewächse regelmäßig bei den renommiertesten Weinwettbewerben Frankreichs ausgezeichnet. Negrel selbst empfiehlt seinen Besuchern gern den im Barrique ausgebauten »Mas Negrel Cadenet Rouge« oder seinen Rosé (ebenfalls aus Barriqueausbau), den er als »Wein für den Winter« bezeichnet.

Château Ferry-Lacombe
Route de Saint Maximin
Tel. 04 42 29 33 69

Die »Cuvée Lou Cascai«, erhältlich in allen drei Farben, hat dieses Weingut in Frankreich bekannt gemacht.

VAISON-LA-ROMAINE

ÜBERNACHTEN

Hostellerie Le Beffroi
Rue de l'Evêche
Tel. 04 90 36 04 71
Fax 04 90 36 24 78
22 Zimmer
Betriebsferien:
Mitte Nov. – Mitte Dez.,
Mitte Feb. – Mitte März
Preise: 410–640 Francs
Kreditkarten: die gängigen

Feines Hotel aus dem 17. und 18. Jahrhundert in Alt-Vaison. Sehr schöne Zimmer.

VALREAS

35 km von Orange

WEINGUT

Domaine des Grands-Devers
Tel. 04 90 35 15 98

Durch und durch sympathischer Familienbetrieb. Monsieur und Madame Sinard tragen beide den Vornamen René, erzeugen einen feinen Côtes-du-Rhône aus 100% Syrahtrauben und bieten den Freunden ihrer Weine vier Gästezimmer an. Jedes trägt einen »Weinbaunamen«, ist bescheiden, aber mit Liebe und Sorgfalt eingerichtet und verfügt selbstverständlich über ein eigenes Bad. Zum Frühstück tischt die Frau des Hauses die Konfitüren der Provence und hausgemachtes Gebäck auf. Wer gerade keine Weine verkostet, kann (zwischen Januar und März) mit den Hunden der Sinards auf Trüffeljagd gehen. Kurz: Wohnen mit Familienanschluß – und wer hat schon einen provenzalischen Winzer in der Verwandtschaft.

VENASQUE

36 km von Avignon
36 km von Orange

ÜBERNACHTEN

Auberge de la Fontaine
Place de la Fontaine
Tel. 04 90 66 02 96
Fax 04 90 66 13 14
5 Appartments
Betriebsferien:
Mitte Nov. – Mitte Dez.
Preis: 700 Francs
Kreditkarten: die gängigen

Christian Soehlke gehört zu den »deutschen Provençalen«. Seit 1975 führt er sein Haus neben dem Dorfbrunnen weniger als Herberge & Restaurant, sondern mehr als ein Haus für Freunde. Gerade mal fünf charmante Suiten beherbergen die treuen Gäste – sie sind nicht nur günstig zu haben, sondern auch so groß und komfortabel, daß man sich hier auf Anhieb zu Hause fühlt. Fast glaubt man, nicht im Hotel, sondern bei einem guten Bekannten mit Geschmack zu Gast zu sein …

ESSEN

Auberge de la Fontaine
Place de la Fontaine
Tel. 04 90 66 02 96
Mittwoch geschlossen, nur sonntags Mittagsbetrieb
Betriebsferien:
Mitte Nov. – Mitte Dez.
Untere bis mittlere Preiskategorie
Kreditkarten: EC, Visa

Abends zeigt der Hausherr des Hotels, daß er sich auch in Sachen »Cuisine« auskennt: Soupe au Pistou (Gemüsesuppe), Kaninchen mit Pilzen, Lammkeule, Entenbrust mit Zwiebelkonfitüre und gestürzter Apfelkuchen und Mousse au chocolat mögen einfache Gerichte sein. Hier sind sie aus frischen Zutaten bestens realisiert. Einmal im Monat veranstaltet Monsieur Soehlke einen Konzertabend mit klassischer Musikuntermalung zum Menü, von Oktober bis März weist er Interessierte in die Geheimnisse der provenzalischen Küche ein. Die gute Adresse ist übrigens alles andere als ein Geheimtip. Qualität und Preis-Leistungs-Verhältnis haben sich inzwischen herumgesprochen: Viele deutsche Gäste bevölkern den Speisesaal, und auch die luxuriöse »Hostellerie de Crillon« im nahen Crillon-le-Brave schickt gern ihre Kunden vorbei.

Bistro de la Fontaine
Place de la Fontaine
Tel. 04 90 66 02 96
Montag geschlossen
Untere Preiskategorie

In Christian Soehlkes simplem Bistro widmet man sich den einfachen Freuden des Lebens: Ein kleiner Salat von warmem Ziegenkäse, ein Gazpacho andaluz (kalte Tomatensuppe), ein einfaches Omelette, eine Lasagne, Schmortopf vom Camargue-Stier oder eine Entenkeule – ideal für den kleinen oder großen Hunger während eines Ausflugs im Hinterland der Provence. Dem Frische-Prinzip bleibt Soehlke auch im Bistro treu: Selbst beim konkurrenzlos günstigen Tagesmenü kommt ihm keine Gefrierware ins Haus.

VERQUIERES

16 km von Avignon

ESSEN

Le Croque-Chou
Place de l'Eglise
Tel. 04 90 95 18 55
Montag und Dienstag geschlossen, außer an Feiertagen
Betriebsferien: variabel
Mittlere Preiskategorie
Keine Kreditkarten

Günstiges Schlemmen in einem Haus aus dem 18. Jahrhundert dank dem »Carte-Menu«. Hier stellt man aus 10 verschiedenen Vorspeisen, 10 Hauptgängen, Käse und 7 verschiedenen Desserts sein Menü zusammen. Kostprobe: Lammkeulenpastete mit Kräutern der Provence, gebratene Dorade und Rotweinsauce mit Fenchel oder Kaninchenfilet mit Salbeisauce und gratinierte Äpfel. Vorsicht: Weder Kreditkarten noch Euroschecks werden hier akzeptiert.

VIOLES

13 km von Orange

ESSEN

Mas de Bouvau
Route de Cairanne
Tel. 04 90 70 94 08
Sonntagabend und Montag geschlossen
Betriebsferien: jeweils 2 Wochen Ende Aug. und Ende Dez.
Mittlere Preiskategorie
Kreditkarten: die gängigen

Weißes provenzalisches »Mas« (Haus) zwischen Violes und Vaison-la-Romaine inmitten der Weinberge der Côtes du Rhône. Henri Hertzog gehört zu den zahlreichen »Küchenautodidakten« der Provence, die erst spät zum Metier am Herd fanden. Empfehlenswert sind seine Stopfleber in Süßwein von Beaume-de-Venise, das Ragout von Fischen und Meeresfrüchten, die gebratene Taube mit Knoblauchcreme oder die Mousse au chocolat. Freundlicher Service.

Register